《走进诺贝尔奖名人堂》系列

走进诺贝尔奖名人堂

——与化学家对话

丛书主编　杨广军

丛书副主编　朱焯炜　章振华　张兴娟

　　　　　　徐永存　于瑞莹　吴乐乐

本册主编　肖　寒

本册副主编　周建东　朱焯炜　卞宝安

天津人民出版社

图书在版编目（CIP）数据

走进诺贝尔奖名人堂：与化学家对话／肖寒主编.
--天津：天津人民出版社，2012.1（2018.5重印）
（巅峰阅读文库.走进诺贝尔奖名人堂）
ISBN 978-7-201-07275-3

Ⅰ.①走…　Ⅱ.①肖…　Ⅲ.①化学—普及读物　Ⅳ.
①O6-49

中国版本图书馆 CIP 数据核字（2011）第 245276 号

走进诺贝尔奖名人堂：与化学家对话
ZOUJIN NUOBEIERJIANG MINGRENTANG：YU HUAXUEJIA DUIHUA

出　　版　天津人民出版社
出 版 人　黄　沛
地　　址　天津市和平区西康路35号康岳大厦
邮政编码　300051
邮购电话　（022）23332469
网　　址　http://www.tjrmcbs.com
电子邮箱　tjrmcbs@126.com

责任编辑　冯维聪
装帧设计　3棵树设计工作组

制版印刷　北京一鑫印务有限公司
经　　销　新华书店
开　　本　787×1092毫米　1/16
印　　张　12
字　　数　240千字
版次印次　2012年1月第1版　2018年5月第2次印刷
定　　价　23.80元

卷 首 语

为什么说核裂变的发现是人类发展的双刃剑？白色污染物是如何被制造出来的？美丽的 C_{60} 有什么特殊的性质？DDT 在造福人类的同时又带来什么样的危害？原子的重量是如何被准确"称"出来的？"惰性气体"是如何巧妙组合而成，它有什么奇异的特性？凡此种种，都被作者用生动的语言娓娓道来，大自然原来是如此地充满惊奇与美妙。

来吧，让我们一起开启诺贝尔化学奖的大门，领略100多位化学家的成长历程，窥探现代化学的发展之路，体会科学发展的神奇吧……

目　录

元素之谜——漫游元素世界的化学

强强联手——从物理化学到量子化学

人类的朋友——从胶体到高分子

随心所欲的组合变换——有机化合物

生命体奥秘——生物化学

与化学家对话

与化学家对话

元 素 之 谜

——漫游元素世界的化学

　　在古代，无论自然哲学家、炼金术士，还是医药学家，他们对元素的理解都是通过对客观事物的观察或者是臆测的方式获得的。17世纪中叶，由于自然科学的发展，科学家积累了一些物质变化的实验资料，才初步从化学分析的结果去解决关于元素的概念。

　　拉瓦锡在肯定并说明究竟哪些物质是原始的和简单的时候强调说，实验是十分重要的。他把那些无法再分解的物质称为简单物质，也就是所谓的元素。他在1789年发表的《化学基础论说》一书中列出了他制作的化学元素表，共列举了33种化学元素。从此，科学家对于化学界最基础的元素的研究翻开了新的篇章。

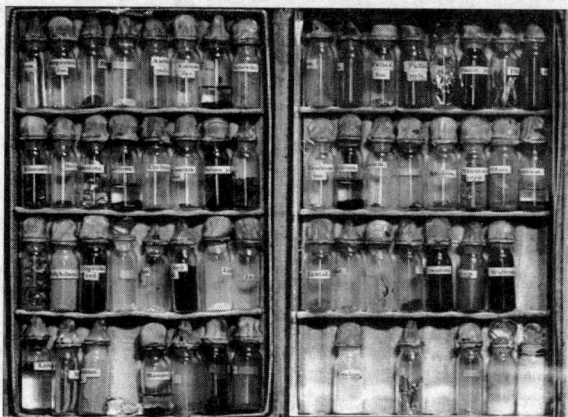

奖掖后人，向科学高峰努力攀登
——诺贝尔奖

1901年12月10日下午4时，庄严隆重的诺贝尔奖颁奖仪式在瑞典王国首都宏伟的斯德哥尔摩音乐大厅举行，以表彰在科学事业上成绩卓著的科学家。大厅内摆满了鲜花，座无虚席，2000多名来宾怀着激动的心情参加这次盛典。这就是诺贝尔奖的第一次颁奖仪式。此后每年的12月就成了

◆诺贝尔奖颁奖典礼

全世界科学家的节日，因为诺贝尔奖是全世界科学家梦寐以求的最高荣誉。诺贝尔奖取得巨大成功的秘密何在？只有900万人口的瑞典如何能在每年的12月10日成为世界关注的焦点？下面将为你一一解答。

诺贝尔与诺贝尔奖

◆阿尔弗雷德·贝恩哈德·诺贝尔

诺贝尔奖创始人——诺贝尔，1833年出生于瑞典首都斯德哥尔摩。他一生致力于炸药的研究，特别是在硝化甘油的研究上取得了重大成就。他不仅从事理论研究，而且积极进行工业实践。

1896年12月10日，诺贝尔在意大利逝世。一年前，他留下了遗嘱，将部分遗产（920万美元）作为基金，以其利息设立诺贝尔奖，并分设物理、化学、生理或医学、文学及和平5项奖金，授

与化学家对话

予世界各国在这些领域对人类作出重大贡献的学者。

1900 年 6 月，瑞典政府批准成立诺贝尔基金会，并于次年 诺贝尔逝世 5 周年纪念日，即 1901 年 12 月 10 日首次颁发诺贝尔奖。从此，每年的这一天在瑞典首都斯德哥尔摩举行隆重授奖仪式（其间曾有几个年份因战争而中断）。

万花筒

诺贝尔一生共获得技术发明专利 355 项，并在 20 个国家开设约 100 家公司和工厂，积累了巨额财富。

小知识——诺贝尔奖的七个奖项

◆斯德哥尔摩市政厅——诺贝尔奖颁奖处

自 1901 年起，除因战争中断外，每年的 12 月 10 日这一天在瑞典首都斯德哥尔摩举行隆重授奖仪式。最初，奖项分设物理学、化学、生理学或医学、文学及和平 5 个奖项。1968 年瑞典中央银行于建行 300 周年之际，提供资金增设诺贝尔经济学奖，自 1969 年开始与其他 5 项奖同时颁发。1990 年诺贝尔的一位重侄孙——克劳斯·诺贝尔又提出增设诺贝尔地球奖，授予杰出的环境保护贡献者。该奖于 1991 年 6 月 5 日世界环境日之际首次颁发。

与化学家对话

寻找新元素之路
——元素家族大扩展

化学这一门学科的发展演化反映了科学的进步和人类思维方式的变革。在化学学科的诸多概念中，"元素"概念在其发展中的巨大意义是不言而喻的。元素是构成物质的基础，因此元素概念的演化和发展过程反映了化学学科的基本理论的发展史。由于人类的感觉器官无法直接感知微观粒子的存在及其运动规律，因此对元素这一基本概念的认识经历了十分曲折和漫长的道路。从古代水、火、土、气四种元素构成世界到门捷列夫的化学元素周期表，科学家对于元素的认识经历了从主观到客观的过程。在这一节里，我们通过了解元素的发展历史，盘点一下为其作出贡献的科学家们。

◆元素概念在化学发展中的巨大意义是不言而喻的

悠长的元素发展史

早在远古时期，人们就把元素看成是构成自然界中一切实在物体的最简单的组成部分。无论在我国古代的哲学中还是在印度或西方的古代哲学中，都把元素看做是抽象的、原始精神的一种表现形式，或是物质所具有的基本性质。古希腊哲学家亚里士多德把水、气、火、土称为"四元素"。13—14世纪，西方的炼金术士们对亚里士多德提出的"四元素"作了补

◆在古代火、土、水、气被认为是组成世界的四元素

与化学家对话

◆拉瓦锡创立了化学分类新体系

充，增加了水银、硫黄和盐三种元素，并称其为"三本原"。

在古代，无论是自然哲学家还是医药学家，他们对元素的理解都是通过观察或者主观臆断的方式获得的。到了 17 世纪中叶，由于科学实验的兴起，学者们进行了一系列关于物质变化的实验，从化学分析的结果去解决关于元素的概念。

科学家拉瓦锡强调，实验是十分重要的。他在 1789 年发表的《化学概要》一书中列出了他制作的化学元素表，在这张表中一共列举了 33 种化学元素。19 世纪初，道尔顿创立了化学中的原子学说，并着手测定原子量。

19 世纪下半叶，门捷列夫建立了化学元素周期表。他将当时已知的 63 种元素依原子量大小以表的形式排列，把有相似化学性质的元素放在同一行，就是元素周期表的雏形。利用周期表，门捷列夫成功地预测出当时尚未发现的元素的特性，例如镓、钪、锗等。

19 世纪末，随着社会生产力的发展和科学技术的进步，电子、X 射线和放射性元素相继被发现，这也促进了科学家对原子结构的进一步研究。

广角镜——拉姆塞发现惰性气体

拉姆塞，英国化学家。1852年10月2日生于苏格兰的格拉斯哥市。1866年到格拉斯哥大学文学系学习文学。17岁时为化学家担任分析助手，就是这段经历，使最初学习文学的拉姆塞对化学产生了浓厚的兴趣。1870年他留学德国，在蒂宾根大学做有机化学家菲蒂希教授的研究生，由于勤奋好学，他在19岁获博士学位。1880年28岁的拉姆塞被聘为伦敦大学教授，该校给他提供一间实验室。他十分重视实验，不断改进实验装备和技法，并在这个实验室中工作了25年之久。他的主要贡献和成果集中体现在有机化学、液体和气体的临界状态、稀有气体和放射性物质四个方面。尤其是他发现了五种稀有气体元素。正是由于他发现并

◆威廉姆·拉姆塞

制取的氖气，才使得我们现在夜晚的街道上亮起五颜六色的霓虹灯。他还是第一位解释布朗运动现象的科学家。1904年成为第四位获得诺贝尔化学奖的化学家。

"懒惰"的气体

不同元素的特性相差很大，有些元素与其他元素相比，显得不大愿意参与化合反应。我们把最不喜欢参与化合反应的元素称做"惰性气体"，又称"稀有气体"，因为它们在地壳和大气层中含量很少。这些元素通常具有化学惰性。

惰性气体共有六种，按照原子量递增的顺序排列，依次是氦、氖、氩、氪、

◆惰性气体被用来制作霓虹灯

氙、氡。在通常情况下，它们很少与其他元素化合，而仅以单个原子的形式存在。

事实上，这些惰性原子对同类中的其他原子的存在也是"漠不关心"的，甚至不愿互相"靠近"而形成液体，因而在常温下，它们都不会被液化，都是以气体的形式存在于大气之中。

化学家已经成功使原子量比较大的惰性气体——氪、氙、氡，与氟和氧那样的原子进行化合，氟与氧特别喜欢接受其他元素原子的电子。原子量更小一些的惰性气体——氦、氖、氩，已经达到"惰性十足"的程度，迄今为止，任何一位化学家都无法使它们参与化合反应。

◆在白炽灯中充有惰性气体，可以保护钨丝

与化学家对话

小知识——氩，最早被发现的惰性气体

氩气于1894年被发现，它是最早被发现的惰性气体，也是最常见的惰性气体，约占大气总量的1‰。其他惰性气体是在此后几年才陆续被发现的。惰性气体在地球上的含量很少。在自然界中，当一个原子向另一个原子转移电子或与另一个原子共享电子时，它们便相互化合，形成化合物。而"懒惰"的惰性气体不愿这么做，因为它们原子中的电子分布非常匀称，要想改变其位置则需要输入很大的能量，这种情况是不大可能发生的。

莫瓦桑和氟元素

1906年诺贝尔化学奖授予莫瓦桑，他一生中所获得的重要成就是在1886年6月利用电解法制取了单质氟，实现了许多化学家的夙愿。法国科学院经过严格审查，确认了莫瓦桑的发现。为了表彰他制氟有功，法国科

学院为他颁发了拉·卡泽奖金。并任命他为巴黎药学院毒物学教授。1888年他被选为法国医学科学院院士，1891年被选为法国科学院院士。此后，他继续研究新的氟化物的制备，尤其是四氟化碳（CF_4）的制备，这种物质的沸点只有—15℃，所以四氟化碳成为20世纪合成高效制冷剂氟碳化合物（氟利昂）的先驱。他将关于氟的研究成果撰写成专著—《氟及其化合物》，为研究氟及其化合物积累了重要资料。从1891年开始，莫瓦桑进行纯硼制备和人造金刚石的研究。他制得了当时纯度最高的单质硼。他还首先制得了人造金刚石，使人造钻石成为现实。他在研制人造金刚石的同时，还作出了另一项重要贡献，即设计、制造出电炉，使在2000℃条件下进行化学反应得以实现，这项发明开创了高温化学这一崭新的研究领域，为日后制取高温化合物开辟了广阔前景。1906年，莫瓦桑获得诺贝尔化学奖。

◆发现氟的莫瓦桑

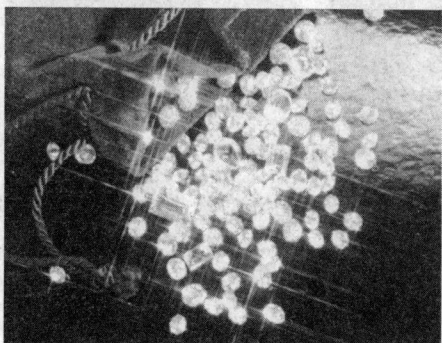

◆莫瓦桑制得了人造金刚石

与化学家对话

万花筒

注重实验的科学家

莫瓦桑一生重视实验工作，他的实验室有齐全的设备，严格的管理规则。他的每一项成就都与实验分不开。他是一位以化学实验著称的科学家。

与化学家对话

轶闻趣事——博物馆里培育出来的天才

◆法国的莫瓦桑纪念碑

莫瓦桑成为化学家前曾在药店工作，并小有名气。但他并不满足，觉得在那里学到的知识太少了。于是，他重新找到一份在博物馆的工作，在那里，他学到了很多知识。1872年，著名化学家艾得蒙·弗雷米的实验室招工，莫瓦桑闻讯后赶去应试，弗雷米当场向莫瓦桑问了许多问题，这个小学徒工对答如流，结果被当场录用。在弗雷米的实验室里，莫瓦桑学到了许多有关化学的知识。1874年，莫瓦桑转入自然科学博物馆德埃朗教授的实验室工作和学习。在那里，经过德埃朗教授循循善诱的教导，莫瓦桑的学业有了很大的进步。他不仅取得了中学毕业证书，还取得了自然科学的学士学位。德埃朗教授还指导莫瓦桑进行一系列研究和实验活动，他由此踏上了科学研究的道路。莫瓦桑之所以能够从药房学徒成长为一位卓有成就的科学家，是与德埃朗教授对他的影响分不开的。可以说，正是在自然科学博物馆工作和学习期间，莫瓦桑选择了科学研究的道路，并奠定了坚实的基础。

超铀元素的发现

1951年诺贝尔化学奖由发现超铀元素的麦克米伦和西博格获得。超铀元素是指原子序数大于铀的原子序数的所有元素。麦克米伦和西博格关于超铀元素及其有关研究始于1940年，西博格、麦克米伦等利用回旋加速器产生的高能氘核轰击铀原子时发现了镎238同位素，次年他们又发现了镎最重要的同位素镎239。此后的研究表明：镎的全部同位素都可以通过人工核反应获得，共有15种。

元素之谜——漫游元素世界的化学

此外，他们还提出了锕系元素理论。随着大部分超铀元素的发现，西博格在 1944 年指出，在元素锕之后存在一个类似镧系元素系列的锕系元素系列，它从 89 号元素锕开始到 103 号元素铹为止。在锕系理论的指导下，一大批新元素相继发现，这标志着人类对周期表认识的进一步深化，使元素周期表更趋完善。

◆麦克米伦（左）和西博格（右）

麦克米伦和西博格还开创了原子能利用的新途径。他们对加速器制取的钚 238 和 239 同位素的放射性研究发现，钚的大规模生产可通过核反应堆的燃料铀转换而来。因为钚 239 具有和铀 235 相似的链式裂变反应性质，也可以作为核燃料和制造核武器。这样，就可以将天然铀中丰度高达 99.275％ 的铀 238 转变为钚 239，从而充分地加以利用。

◆西博格正在测定元素放射性

镧系	57La 镧	58Ce 铈	59Pr 镨	60Nd 钕	61Pm 钷	62Sm 钐	63Eu 铕	64Gd 钆	65Tb 铽	66Dy 镝	67Ho 钬	68Er 铒	69Tm 铥	70Yb 镱	71Lu 镥
锕系	89Ac 锕	90Th 钍	91Pa 镤	92U 铀	93Np 镎	94Pu 钚	95Am 镅	96Cm 锔	97Bk 锫	98Cf 锎	99Es 锿	100Fm 镄	101Md 钔	102No 锘	103Lr 铹

◆镧系元素和锕系元素

小知识——元素丰度

　　元素丰度即元素的相对含量，是在证认的基础上根据谱线相对强度或轮廓推算出来的，是各种元素（或核素）的数密度的相对值。

　　同位素在自然界中的丰度，又称天然存在比，指的是该同位素在这种元素的所有天然同位素中所占的比例。丰度的大小一般以百分数表示。人造同位素的丰度为零。

什么是镧系元素？

◆相机镜头上的玻璃就含有镧系元素

　　镧系元素就是稀土元素。生活中许多地方可以见到稀土元素，最常见的就是荧光粉，电视机、自然光的荧光灯中就有稀土元素。另外，特种玻璃，比如吸收紫外线、耐热玻璃，以及玻璃纤维（用于医疗用内窥镜）也含有镧系元素。镧系元素还被用作光学玻璃的抛光剂。同时，它还能用作内燃机尾气净化的催化剂。

现代炼金术
——放射性物质有害吗？

伴随着地球的诞生，放射性元素就已经存在了。它们几乎无处不在，但真正用科学的方法发现放射性物质的存在则要追溯到 19 世纪末至 20 世纪初。说到放射物质，必定提及卢瑟福、居里夫妇等科学家。正是他们使放射性物质的研究向前推进了一大步。钋和镭的发现，是放射性元素科研史上的关键一步。从那时起，人们开始意识到有一大类放射性元素存在。由此，其他放射性元素随后被陆续发现。

◆放射性元素在生活中有许多应用，例如图中的夜光表盘

卢瑟福与放射性元素

◆卢瑟福（右）及其助手在实验室

英国物理学家欧内斯特·卢瑟福 1871 年 8 月 30 日生于新西兰。23 岁时他在新西兰的坎特伯雷学院获得三个学位（文学学士、文学硕士、理学学士）。1895 年获得英国剑桥大学奖学金，并进入卡文迪许实验室，成为汤姆逊的研究生。1898 年，

◆早年的卡文迪许实验室

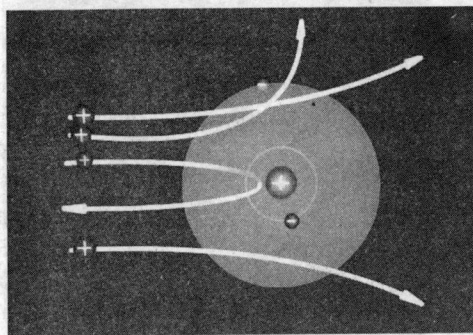

◆卢瑟福的原子核式结构模型

与化学家对话

在汤姆逊的推荐下，担任加拿大麦吉尔大学物理教授。1899 年对天然放射性的研究取得了重大突破，他将辐射的三种射线命名为 α 射线、β 射线和 γ 射线，并揭示了它们的本质。1902 年他又提出放射性元素衰变的理论。1907 年卢瑟福回到英国，应聘担任曼彻斯特大学物理学教授，不久便硕果累累。曼彻斯特大学也因此第一次成为全世界科学中心。

卢瑟福对放射性的研究使他在 1908 年获得诺贝尔化学奖。而这无上的荣誉并没有使卢瑟福止步不前。相反，他继续深入开展研究，探索科学的奥秘。1912 年，卢瑟福根据 α 粒子散射实验现象提出原子核式结构模型。该实验被评为"物理学最美实验"之一。1919 年，卢瑟福做了用 α 粒子轰击氮核的实验。通过此项研究，他无可辩驳地论证了原子的核模型，从而把对原子结构的研究引入正确的轨道。

万花筒

卢瑟福是 20 世纪最伟大的实验物理学家之一，在放射性研究和原子结构研究等方面，作出了杰出的贡献，被称为"近代原子物理学之父"。

卢瑟福的另一项突出贡献是在人工核反应领域。自从元素的放射性衰变被证实以后，人们一直试图通过各种手段来实现元素的人工衰变，但只有卢瑟福找到了实现这种衰变的正确途径。垂暮之年，卢瑟福已经能够在

实验室用人工加速的粒子引起核反应。

名人介绍——动手能力极强的卢瑟福

卢瑟福的父亲是一个聪明又勤奋的人，极富创造性。在他的影响下，卢瑟福从小就喜欢动手动脑。小时候，家里有一个用了多年的钟坏了，大家都认为无法修好了。但是爱动脑筋的卢瑟福没有放弃，他把旧钟拆开，重新调整里面每一个零件，并清理了钟内沉积多年的油泥，最后重新装好。结果，修理过的钟走得很准。卢瑟福这种自己动手制作、修理物品的本领，对他以后的科学研究工作有很大帮助。

◆欧内斯特·卢瑟福

轶闻趣事——自信的卢瑟福

当卢瑟福远渡重洋到英国从事研究工作并取得了一系列骄人成绩后，应邀到英国学术协会作报告，正当他以实验来证明自己的科学假设时，仪器突然出现故障。只见卢瑟福不慌不忙地抬起头来，对观众说："出了一点小毛病，请大家休息5分钟，散散步或抽支香烟，等你们回来时仪器就可以恢复正常了。"果然几分钟后，观众又能继续观看他的实验了。没有多年培养起来的能力和经验是很难如此自信的。当时在场的一位著名物理学家对此颇为感慨："这位年轻人（指卢瑟福）的前程将是无比远大的。"

◆1992年新西兰将卢瑟福头像印在新版100元纸币上以示纪念

与化学家对话

放射性物质的危害

◆接触放射性物质的人员都要穿上铅衣防护

◆由于放射性物质有一定的危害，有放射性的物质都有放射性标志

在自然界和人工生产的元素中，有一些能自动发生衰变，并放射出肉眼看不见的射线，统称为放射性物质。由放射性物质所造成的污染，叫放射性污染。在自然状态下，来自宇宙的射线和地球环境本身的放射性元素一般不会给生物带来危害。自20世纪40年代以来，人类的活动使得人工辐射源和人工放射性物质大大增加，环境中的射线强度随之增加，并危及生物的生存，从而产生放射性污染。

大剂量瞬间引发的急性放射性辐射伤害，可使人或其他生物在短时间内死亡。受到微量放射性污染伤害的人或其他生物，即使当时并不危及生命，但经过一定时间，也可能诱发癌症、白血病等疾病，进而缩短寿命甚至造成遗传伤害等后发效应。放射性污染还能通过食物链传递，使许多污染物，尤其是半衰期长的放射性元素，能够在自然界长期存在，对生态系统造成严重危害。

科学女巨人——居里夫人

居里夫人，全名玛丽·居里·斯克洛多夫斯卡（1867 年 11 月 7 日—1934 年 7 月 4 日），波兰著名科学家。她是第一个荣获诺贝尔科学奖的女性科学家，也是第一位两次荣获诺贝尔奖的科学家。

1896 年法国物理学家贝克勒尔发现一种铀盐能够自动放射出一种性质不明的射线。这一发现引起居里夫妇的极大兴趣，他们认为这是一个崭新的研究领域。在一间简陋的屋子里，居里夫妇利用极其简单的装置，开始了这一新领域的研究。他们证明了铀盐能够不受化合物状态或外界环境（光线、温度）的影响放射射线，并且其放射强度与化合物中所含的铀量成正比。居里夫妇孜孜不倦地通过同一方法研究了大量的材料，终于有了新的发现：有些矿物质的放射性强度比单纯铀或钍所产生的放射性强度要大得多，表明这些矿物质中含有放射性比铀、钍强得多的某种未知元素，并下定决心把这一新元素找出来。1898 年 7 月，他们找到一种新元素，放射性比铀强 400 倍。为了纪念居里夫人的祖国——波兰，夫妇俩将这一新元素命名为"钋"。

◆玛丽·居里·斯克洛多夫斯卡

◆玛丽·居里和丈夫、父亲、女儿在一起

发现钋元素之后，居里夫妇孜孜不倦地继续对放射性比纯铀强 900 倍的物质进行分析。经过无数次地浓缩、结晶，终于在 1898 年 12 月获得少

◆专心做研究的居里夫妇

量的白色粉末。与众不同的是，这种白色粉末在黑暗中闪烁着白光，居里夫妇把它命名为"镭"，其拉丁语原意是"放射"。1902年，夫妇俩从数吨沥青铀矿的炼渣中提炼出0.1克的纯净氯化镭，并成功测得镭的原子量为225。这奠定了现代放射化学的基础，为人类作出了伟大的贡献。

1903年底，居里夫妇和贝克勒尔一起被授予诺贝尔物理学奖。1906年4月19日，彼埃尔在参加一次科学家聚会后，步行回家横穿马路时，被一辆奔驰的载货马车撞倒，当场失去了宝贵的生命。居里夫人勇敢地接替了她丈夫生前的研究工作，成为法国巴黎大学的第一个女教授。居里夫人在助手们的帮助下，精确地测定了镭的半衰期，并由此确定了许多放射性元素的放射性半衰期。在这些研究基础上，居里夫人又按照门捷列夫周期律整理了这些放射性元素的蜕变转化关系。由于居里夫人在分离元素镭和研究它的性质等方面所作的杰出贡献，1911年她又荣获了诺贝尔化学奖。这使她成为第一位两次荣获诺贝尔科学奖的科学家。

小 知 识

100多年来，称颂居里夫人的文章、书籍从未间断，著名科学家爱因斯坦给予她很高的评价，说："在所有的世界名人当中，玛丽•居里是唯一没有被盛名宠坏的人。"

追 忆 历 史

不可磨灭的贡献

1934年7月4日，长期积蓄体内的放射性物质所造成的恶性贫血即白血病终于夺去了居里夫人宝贵的生命。她虽然离开了人世，但她为人类所作的贡献以及她的崇高品行将永远铭记在人们的心里。

与化学家对话

链接——以居里命名的物理学单位

1910 年 9 月，在比利时布鲁塞尔举行了国际放射学会议，这次会议是为了确定一个国际通用的放射性活度单位的标准，大会组织了包括居里夫人在内的 10 人委员会。委员会建议以 1 克纯镭的放射强度作为放射性活度单位，并以"居里"命名（1975 年，第十五届国际计量学大会通过以贝克勒尔为国际单位制单位，原单位居里废止）。1912 年该委员会又在巴黎开会，选择玛丽·居里亲手制备的镭作为镭的国际标准。直到今天，该镭样品还放置在巴黎的国际衡度局内。

◆这是居里夫人的女儿艾芙·居里写的第一版居里夫人传记

与化学家对话

从家庭教师到科学家的转变

◆玛丽·居里（左一）和她的父亲以及姐妹在一起

玛丽·居里出生于教师家庭。她自小就勤奋好学，15 岁时获金奖章从中学毕业。由于当时俄国沙皇统治下的华沙不允许女子入大学，加上家庭经济困难，玛丽只好只身来到华沙西北的乡村做家庭教师。

1889 年玛丽回到华沙继续做家庭教师，有一次她的一位朋友带她到农业博物馆的实验室，在那里她发现了一个崭新的天地，实验室的一切使她着迷。此后只要有时间，她就去实验室，沉醉于各种物理和化学的实验中。

1892 年，她在父亲和姐姐的帮助下，实现了到巴黎求学的愿望。在巴

与化学家对话

◆玛丽·居里的勤勉、好学和聪慧，使她赢得了科学家的最高奖，并被后人称颂

黎大学理学院，她非常勤奋。为了节省时间和集中精力，也为了省下乘马车的费用，入学 4 个月后，她从姐姐家搬出，住进学校附近的一个小阁楼。虽然清贫艰苦的生活使她的体质不断下降，但她仍旧一心扑在学习上，丰富的知识使她的心灵日益充实。1893 年，她以第一名的成绩毕业于物理系。第二年又以第二名的成绩毕业于该校数学系，随后获得巴黎大学数学和物理学两个学士学位。

玛丽勤勉、好学和聪慧，这使她赢得了李普曼教授的器重。在取得物理学硕士学位后，她来到李普曼教授的实验室，开始了科研活动。在这里，她结识了年轻的物理学家彼埃尔·居里。由于志趣相投、相互仰慕，玛丽和彼埃尔之间的友谊很快发展为爱情。1895 年他们结为伉俪，组成一个志同道合、和睦相亲的幸福家庭。

广角镜——与诺贝尔奖三次擦肩而过的科学家

法国物理学家约里奥·居里夫妇是名扬四海的彼埃尔·居里夫妇的女婿和女儿，他们因"人工放射性"的发现荣获 1935 年诺贝尔化学奖。约里奥·居里夫妇虽然因对科学发展作出了很大贡献而声名显赫，但他们在科学发现过程中却有着三次重大失误：一次是与中子擦肩而过，一次是视而不见正电子，还有一次是走进了核裂变的大门却又转身离去，否则他们有可能四次荣获诺贝尔奖。

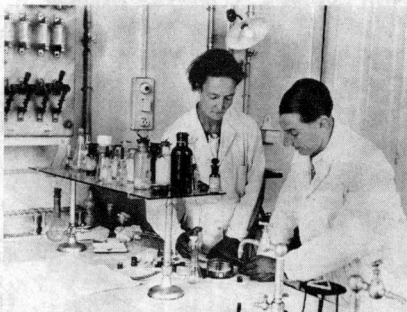

◆伊伦娜·居里（左）和她的丈夫弗雷德里克·约里奥（右）

约里奥·居里夫妇作为实验物理学家，对科学研究的献身精神、执著的追求、精湛的实验技术，都堪称典范。然而与中子、正电子、核裂变这三项重大科学发现失之交臂实在令人惋惜。

与化学家对话

真假"两兄弟"
——同位素的妙用

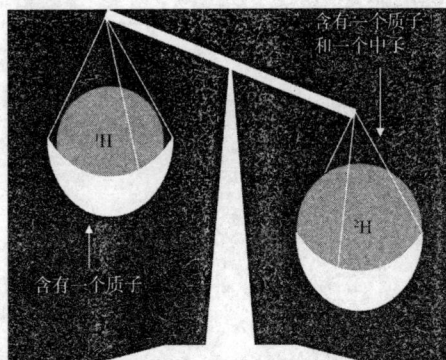

◆同一种物质的两个同位素质量有所差别

19世纪末至20世纪初，随着物理学飞速发展，诞生了一批富有朝气的新学科，并且促进了一系列新技术和新实验手段的出现，揭开了现代自然科学的序幕。在这场伟大的科学革命中，一些化学家也树立了永载史册的丰碑，居里夫人、索迪、海维西等人就是其中的代表。1912年他们与卢瑟福合作，创立了放射性元素的衰变理论，并认为：某些元素可以以不同的原子质量的形式存在，而这些元素是不能通过化学方法辨别和分离的，它们被称为"同位素"。

同位素的发现

1899年英国化学家克鲁克斯在分离铀矿物过程中发现，一部分铀具有放射性，而另一部分铀却无放射性。其他科学家也发现了这一现象。但是，现有的知识还无法使他们科学地解释这一现象。科学家同时还发现，钍、镭等放射性元素不仅能产生具有放射性的物质，而且还能使与之有接触的物质也产生放射性，并且这种放射性还会随着时间不

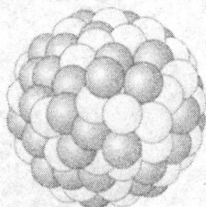

铀235原子核
92个质子143个中子
● 质子   ○ 中子

◆具有放射性的铀235

与化学家对话

断减弱，直至消失。这些奇特的、无法解释的现象引起了当时正在加拿大蒙特利尔大学任教的卢瑟福的极大兴趣。他决定在这一领域进行研究，并希望为此配备一个精通化学的实验助手。正当卢瑟福苦苦寻觅时，恰逢索迪到蒙特利尔大学访问，他立刻就被卢瑟福相中。这样，索迪刚出校门不久，就极其幸运地成为卢瑟福的助手。

在接下来的研究中，他们设计了一系列实验来研究钍的放射性。他们将硝酸钍溶液用氨处理，沉淀出氢氧化钍，过滤后检查干燥的沉淀物，发现其放射性显著降低，而将滤液蒸干后的残渣，却有极强的放射性。但经过一个月后，残渣的放射性消失了，而钍却又恢复了原有的放射性。他们还对同样有放射性的镭、锕进行实验研究，发现它们也存在同钍一样的现象。由此，他们提出了元素蜕变的假说。该假说一经提出，立即招致物理学界和化学界的强烈声讨。因为在当时，学者们普遍认为一种元素的原子不可能变成另一种元素的原子。

由于当时许多科学家都不支

◆弗雷德里克·索迪

◆许多矿藏中含有放射性同位素，这是铜铀云母矿石

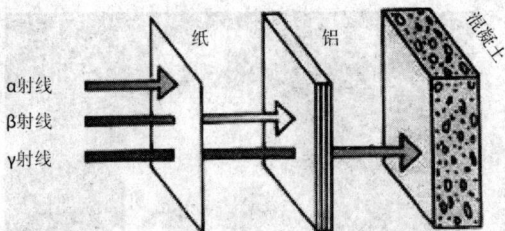

与化学家对话

纸   铝   混凝土

α射线
β射线
γ射线

◆放射性同位素能放射出 α、β、γ 射线，分别能被不同的物质遮挡

持他们的假说，卢瑟福只好赶往英国剑桥大学，向他的导师汤姆逊求助。汤姆逊在仔细观察了他们的实验后，毫不犹豫地支持卢瑟福的观点。

从此，卢瑟福和索迪的开创性工作吸引了许多年轻的科学家在这一领域进行研究。人们不断采用各种方法从铀、钍、锕等放射性元素中分离出一种又一种新的放射性元素。到 1907 年，被分离出来并加以研究过的放射性元素已近 30 种，甚至多到周期表中没有可容纳它们的空位。索迪根据实验发现，在 1910 年提出了著名的同位素假说：存在原子量和放射性不同的，但其他物理、化学性质完全一样的化学元素变种。这些变种应该处在周期表的同一位置上，他将其命名为同位素。接着，索迪根据原子蜕变时放出 α 射线相当于分裂出一个氦的正离子，放出 β 射线相当于放出一个电子的现象，提出了放射性元素蜕变的位移规则。

为了验证同位素假说和位移规则的科学性，1914 年美国化学家里查兹完成了此项工作。1919 年，英国化学家阿斯顿研制成质谱仪，使人们对同位素有了更清晰的认识。

知 识 库

放射性元素的分类

根据同位素假说，他们把天然放射性元素归纳为三个放射系列：铀—镭系、钍系、锕系。这不仅解决了数目众多的放射性"新"元素在周期表中的位置问题，而且也说明了它们之间的变化关系。

名人介绍——伟大的放射化学家索迪

索迪1877年9月2日生于英格兰，是英国著名的放射化学家。曾就读于威尔士大学和牛津大学。20世纪初分别在加拿大麦吉尔大学和英国伦敦大学工作过，得到物理学家卢瑟福教授和化学家拉姆塞教授的指导。索迪主要从事放射性物质和同位素方面的研究。1910年他首先使用了"同位素"的名词。1912年，他与卢瑟福合作，创立了放射性核素的衰变理论。1920年，他在《科学与生命》一书中指出了同位素在确定地质年代方面的价值。1921年，索迪因研究放射性物质所作出的贡献和阐明同位素理论而获得了诺贝尔化学奖。

◆为纪念索迪而发行的邮票

精准的同位素示踪

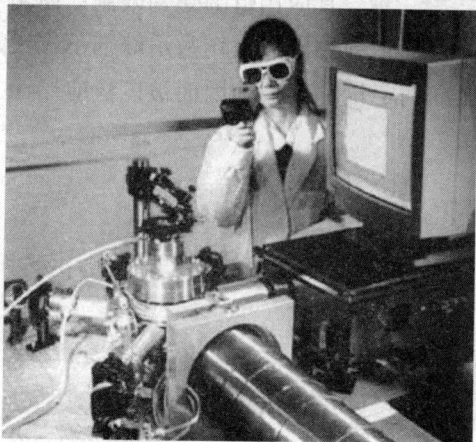

◆同位素示踪实验

同位素在生活中有许多妙用，其中，同位素示踪应用广泛。同位素示踪实验的创建者是匈牙利化学家海维西。他于1923年首先采用天然放射性铅研究铅盐在豆科植物内的分布和转移。1934年，居里夫妇发现了人工放射性，并提纯出放射性物质，这为放射性同位素示踪法的发展和广泛应用提供了基本条件，并开拓了广阔的应用空间。

与化学家对话

与化学家对话

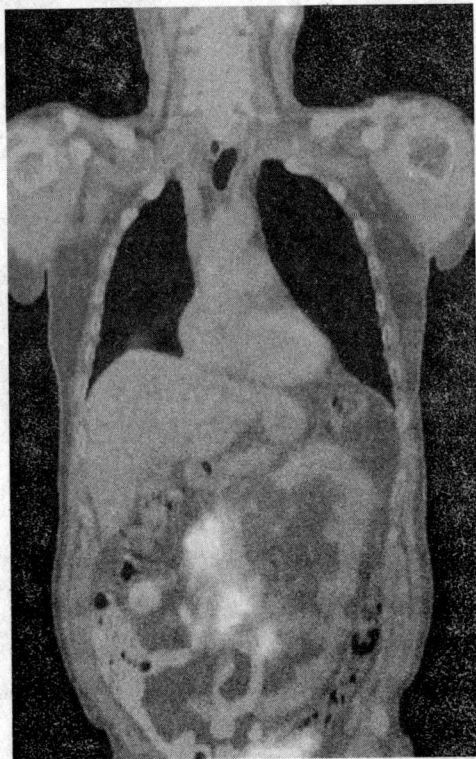

◆带有同位素标记的试剂进入人体后会和肿瘤组织结合，通过利用仪器扫描可以精确定位肿瘤所在位置（图中发亮部位就是肿瘤组织）

同位素示踪所利用的放射性元素及其化合物，与自然界存在的、相应的普通元素及其化合物之间的化学性质和生物学性质是相同的，它们之间的区别是两者具有不同的核物理性质。利用这种特性，就可以将同位素作为一种标记，制成含有同位素的标记化合物（如标记食物，药物和代谢物质等）代替相应的非标记化合物。放射性同位素不断地放出射线，人们利用探测器随时追踪它在人体内或体外的位置、数量及其转变等，来发现所标记的食物、药物和代谢物质的活动规律。放射性同位素和稳定性同位素都可作为示踪剂，但是，稳定性同位素作为示踪剂灵敏度较低，可获得的种类少，价格较昂贵，其应用范围受到限制；而用放射性同位素作为示踪剂不仅灵敏度高，而且测量方法简便易行，能准确定量和定位，因而被广泛应用于医学、科研等领域。

广角镜——海维西和同位素的应用

匈牙利化学家海维西 1885 年生于布达佩斯。1911 年，海维西在卢瑟福教授指导下研究镭的化学分离，这段经历为他日后研究放射性同位素作示踪物打下了坚实的基础。海维西的贡献主要集中在稀土化学、放射化学和 X 射线分析等方面。他与帕内特合作，在示踪研究上取得了成功。

1920 年，海维西与科斯特合作，按照玻尔的建议在锆矿石中发现了铪。1926 年海维西任弗赖堡大学教授，开始计算化学元素的相对丰度。1934 年在成功制得磷的一种放射性同位素之后，进行磷在人体内的示踪，以研究人的生理过程。这项研究揭示了人体成分的动态。1943 年他倾心研究同位素示踪技术，极大地推进了对生命过程的化学本质的理解，他也因此获得了诺贝尔化学奖。

◆乔治·海维西（1885—1966 年）

利比与碳 14 测年技术

◆威拉德·利比开创了碳 14 测年技术

生活中我们见到新朋友总不免要问对方："你有多大？"考古学家每遇到一个新遗址也会提出同样的问题。但不是每个遗址都能提供答案，考古学家往往需要借助一种来自自然科学的技术，这就是碳 14 测年技术。

威拉德·利比是个爱好广泛的人，他是研究放射现象的自然科学家，但他对考古、历史等社会科学也十分感兴趣。第二次世界大战爆发后，利比来到美国哥伦比亚大学参与原子弹的研发工作。战后，他中断了对原子弹的研究，想转而研究考古学中关于年代的测定问题。起初他对自己的研究目的秘而不宣，想等取得研究成果后给考古界一个惊喜，但由于经费短缺，他不得不于 1946 年圣诞节

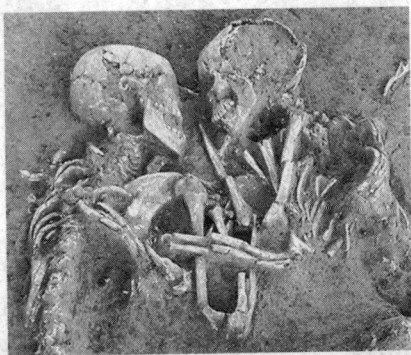

◆在考古学上有许多时候需要测定年份

◆加利福尼亚大学伯克利分校是利比的母校

与化学家对话

前夕将自己的研究目的透露出来。消息传出，立即引起某基金会的重视，它为利比提供了充裕的科研资金。在这笔资金的支持和众多考古学家的鼓励下，1949 年利比终于成功创建了碳 14 测年的常规方法。

为了检验这种测年方法的准确性，专家们进行了缜密的盲测实验。他们找来许多已知年代的含碳标本，放在只有标号的盒子里，让利比进行测年工作，然后把测年结果与实际年代进行比对，令人惊奇的是，所有结果都在可接受的误差范围内。

经过重重考验，碳 14 常规测年法被考古学家和地质学家所接受，成为确定旧石器晚期以来人类历史年代的有力工具。许多长久以来没有解决的难题迎刃而解。考古学与历史学的重要结合点就是如何确定遗址的年代。碳 14 测年法为这个结合点找到了突破口。这是考古学界的一项重大技术突破。为此，利比荣获了 1960 年的诺贝尔化学奖。

万花筒

美中不足的遗憾

尽管碳 14 测年常规技术为考古学的发展发挥了重要作用，但从它诞生之日起，这项技术的不足之处也令考古学家感到不便。它的精度不够，年代越远的标本其误差也就越大，有时竟达到几百年。这对于研究年代学的学者来说，不能不说是一种遗憾。

原子弹建造的序幕
——巨大的原子能

2010 年距人类有史以来第一次使用核武器已经65 年了。1945 年 8 月，即第二次世界大战末期，为了加快促使日本无条件投降，美国向日本广岛和长崎投掷了两颗原子弹，这是人类历史上唯一一次将核武器用于实战。其震慑力远比其爆炸所产生的破坏力强得多，以至于世界各国都追求拥有核武器。原子弹的理论基础就是哈恩发现的重核裂变现象。这一发现既为世界带来了恐怖的战争，也带来了核能开发利用的广阔前景。

◆原子能的发现到底是恶还是善？

与化学家对话

哈恩发现了重核裂变

奥托·哈恩是德国杰出科学家，以研究元素同位素和放射化学著称。

哈恩 1879 年 3 月 8 日生于法兰克福。他喜欢科学实验，特别偏爱化学，曾在家里的洗衣房建起了化学实验室。哈恩 1901 年获马尔堡大学化学博士学位，四年后被拉姆塞看中，推荐到加拿大蒙特利尔大学协助"原子核物理学之父"——卢瑟福工作。1906 年哈恩返回柏林后，在恺撒·威廉化学研究所任化学教授。1907 年秋天，他遇到来柏林进

◆奥托·哈恩

◆莉斯·迈特纳和奥托·哈恩在一起实验

行短暂访问的奥地利女物理学家莉斯·迈特纳，从此两人开始了长达 30 年卓有成效的合作，其间共同发表了多篇有关放射化学方面的论文。

哈恩对于核物理学的贡献主要在于发现天然放射性同位素，这对阐明天然放射系各核素间的关系起到重要作用。20 世纪 20 年代初到 30 年代中期，他将研究重点转向放射化学方法的应用。如果要列举出哈恩最大的贡献，那就是在 1938 年发现了核裂变现象。铀经中子照射后产生一些 β 放射性核素，他鉴定核反应产物后，肯定其中之一是放射性钡。随后科学家迈特纳和弗里施提出核裂变概念，并解释了哈恩的实验结果。为此，哈恩获 1944 年诺贝尔化学奖。

小知识——认识原子

构成世界上任何物质的基本结构是微观粒子——原子，什么是原子呢？原子是由位于原子中心的原子核和环绕在它周围的电子组成。原子核的体积相对于原子的体积来说非常小，假如原子像一个足球场那么大的话，原子核只不过是位于足球场中心的乒乓球而已。虽然体积小但它却占据了原子质量的 99% 以上，可以说原子核的质量就是原子的质量。

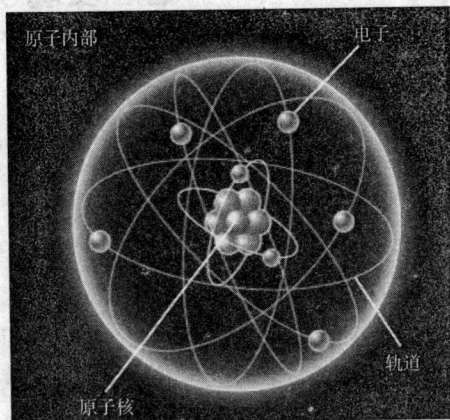

原子内部 电子 原子核 轨道
◆原子结构示意图

原子弹为什么威力这么大？

提起原子弹，人们的第一印象是它的能量巨大，会造成很大的破坏。那么，为什么它的威力这么大呢？这就要从它的爆炸原理说起。铀235是原子弹的核燃料，铀235的原子核在吸收一个外来中子以后能分裂成几个其他元素（也称裂变碎片），同时又放出热量和2～3个中子，这就是核裂变能，也就是我们现在所说的核能。但一个铀原子核产生的热量毕竟是微弱的，如果把裂变反应后产生的新中子利用来引起新的核裂变，裂变反应就可以连续不断地进行下去，同时不断产生热量，像链子一样持续不断，像滚雪球似地越滚越大，这种反应就叫做链式裂变反应。链式裂变反应可以产生巨大的能量，如果无数的中子同时开始链式裂变反应，那就会产生更大的能量。原子弹爆炸原理就是典型的原子核链式裂变反应过程。正是有了这种链式的反应，原子弹爆炸时就会产生很大的能量，并有射线辐射出，形成巨大的威力。

与化学家对话

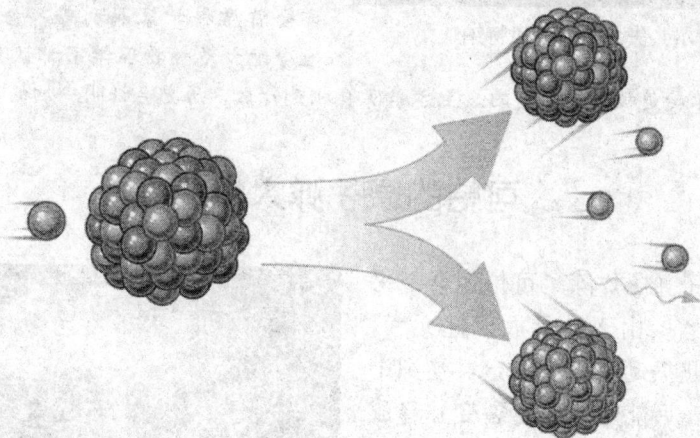

◆核裂变反应

轶闻趣事——被抢走的荣誉

1907年，受过良好教育的物理学家迈特纳开始与德国化学家奥托·哈恩合

与化学家对话

◆与诺贝尔奖失之交臂的迈特纳

作进行研究。他们一起合作了 30 年，直到 1938 年，迈特纳因为是奥地利犹太人而被驱逐出德国。迈特纳移居瑞典，但是他们仍然通过邮件继续合作。她的自传和两位科学家来往的邮件显示，是迈特纳指导哈恩实验，并且最终发现了核子分裂。但是，哈恩独自公开了这项发现，并没有提及迈特纳的贡献。大度的迈特纳表示由于当时的政治环境可以理解哈恩的这一行为。哈恩原本是想当政治形势安全后，把荣誉还给迈特纳的。但他最后还是"独吞"了整个荣誉，并且声称核子分裂是他一个人的发现。哈恩因此获得了 1944 年的诺贝尔化学奖，而迈特纳曾多次被提名诺贝尔物理学奖和化学奖，最终都未能成为现实。美国物理学会首席科学家菲利普·含韦表示，至今绝大多数物理学家都认为迈特纳的诺贝尔奖是被哈恩抢走的。至于事实真相是什么，历史会证明一切的。

可怕的原子弹大爆炸

原子弹爆炸除了可怕还会带来什么危害？由于铀是放射性元素，原子核是振动且极不稳定，受到中子的撞击后能迅速发生裂变并释放大量的能量，另一个重要原因是铀 235 受到撞击后裂变能释放自由中子，启动连锁反应，如果这种反应能维持下去就被称为"临界的"，而此时的铀 235 的质量被称为"临

◆原子弹爆炸时威力巨大

界质量"。原子弹的危害就不只是在爆炸时那一刻，原子弹爆炸后会散落很多尘埃和碎片，这些危害比爆炸时释放的能量更可怕，因为它产生危害的时间长达200～300年，有的时间更长。这是因为铀235裂变后产生的新元素依然是放射性元素，它们都要发生裂变，而在自然条件下衰变周期是非常长的，直到它们衰变成非放射性元素为止。放

◆原子弹爆炸后广岛和长崎出现许多畸形儿

射性元素对生物有着极大的危害，它们在衰变时会散射出大量的射线，例如伽马射线会使生物体内细胞的染色体基因发生变异，甚至杀死遗传基因，以致当年广岛和长崎出现了许多畸形儿。

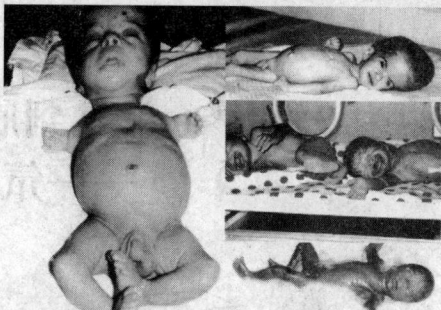

与化学家对话

重氢到底有多重
——氘的发现

◆石油终有一天会被用尽

人类最伟大之处就在于能够不断发现新事物。20 世纪，除化石能源之外，人类还发现了来自于核聚变和核裂变反应的原子能。目前，科学家们还只能控制核裂变反应，而核聚变却还无法控制，地球上已经探明的裂变原料——铀 235 的储量，可供人类使用几百年。自然界还存在着一种比铀的能量更加大的物质，它就是氢的"孪生兄弟"——氘。1934 年尤里因发现氘而获得诺贝尔奖，从那时起，人们将未来能源的希望寄托在它的身上。我们坚信，人类最终一定能制服核聚变反应这匹"烈马"，使它乖乖地听从人类驾驭，忠实地为人类服务。

尤里发现氘元素

美国化学家哈罗德·克莱顿·尤里于 1893 年 4 月 29 日出生在美国印第安纳州的一户普通农民家中。中学毕业后，他曾当了三年小学教师。此后进入蒙大拿州立大学主学生物学。尤里大学毕业后，来到加利福尼亚州大学进修。他在 30 岁时获得了博士学位，他是一位成绩优异的学生，因此获得了去丹麦进修的机会。尤里在丹麦著名化学家玻尔教授的指导下研究原子结构理论。学成回国后，尤里先在美国约

◆哈罗德·克莱顿·尤里

翰·霍普金斯大学担任讲师，1929年到哥伦比亚大学担任化学系副教授。1931年，尤里教授和他的助手把液态氢在零下259℃的低温下缓慢蒸发，从剩余的微量物中，用光谱法分析发现了氢的同位素之一。尤里为它定名为Deuterium，中译名氘，符号D。这一发现使他在量子力学、热力学和核结构方面的研究达到很高的水平。

◆尤里和复杂的实验室仪器

尤里在科学界的声誉很高，成为同位素化学方面公认的权威。氘的发现是当时科学界的一件大事，为此，尤里获得了1934年的诺贝尔化学奖。他的这一发现使同位素的分离有了化学方法，由此使很多同位素成为化学、生物学、地质学等方面的示踪物。

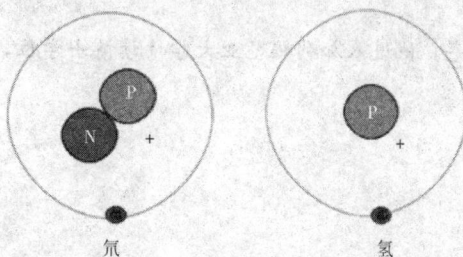

◆氢的两种同位素（P为质子，N为中子）

尤里在第二次世界大战期间，成功地完成了同位素的大规模分离和重水（由氘代替氢原子形成的水）的制造。这项技术对原子弹的诞生起了重大作用。战争结束后，尤里受聘于芝加哥大学任教。在这里，他发表了一篇极为重要论文——《同位素物质的热力学性质》，还利用高精度质谱仪检验地质和海洋中氧同位素的百分含量。通过运用此技术，人们可以计算出7000万年前海洋的温度。

链接——刻苦求学之路

1911年，尤里中学毕业，由于家庭贫穷无法继续上大学，碰巧，乡下的一

◆正是由于童年的吃苦耐劳造就了在实验室一丝不苟的尤里

与化学家对话

所学校缺少一名教师，于是他成了乡村学校的教师，并且一干就是3年。

1914年，尤里赚了一些钱后进了蒙大拿州立大学。上大学之后，困扰尤里的仍然是经济问题，为了节约开支，他在学校的一处空地上自己搭建了一个帐篷，并在里面学习、生活。

尤里毕业的时候，正值第一次世界大战期间，他先在费城一家化工厂当化学分析员。工作两年后，他又回到母校当起化学讲师。1921年，他进入加利福尼亚大学攻读博士学位，他以优异的成绩取得了博士学位。

精确定位元素周期表
——原子到底有多重

◆原子到底有多重？

原子量是物理学和化学重要的基础数据，每一种原子都有原子量，从1803年道尔顿发表第一张原子量表起（以氢原子量为1），近两个世纪以来，一代又一代的化学家为了更精确地测定原子量值进行了不懈的努力。在理查兹以前的科学家都是以化学方法测得某一元素的化合量，从而计算得出该元素的原子量。他们的工作分别代表了那个时代的精确水平。而理查兹不畏权威，他采用比前人更纯净的试剂和样品，以尽可能减少实验误差，并运用更精确的方法进行元素的原子量研究，把测试的结果提高到更精确的水平。

测定原子量的专家

西奥多·威廉·理查兹是美国第一个获诺贝尔化学奖的人，被誉为"测定原子量专家"。

早在理查兹在哈佛福特学院读书时就开始研究原子量的问题，并对原子量数值提出质疑。1888年他在库克的指导下，准确地测定出以氢为基准的氧的原子量是15.869，而不是16，并以此撰写成他的博士论文。他能获得成功的原因要归于他不迷信权威的性格，他对原有的原子量提出质疑，并且改进测试方法，重新精确核定了60多种元素的原子量，还对铅的同位

素有一定的研究。1895 年他改进了重量法测定原子量的技术，陆续测定出铜、钡、锶、钙、锌、镁、镍、钴、铀、铯等 25 种元素准确的原子量。1913 年在他的领导下，哈佛大学建立起当时最先进的化学实验室。理查兹证明了同位素理论，进一步证明了原子衰变的理论。由于这些贡献，他获得了 1914 年度诺贝尔化学奖。

◆西奥多·威廉·理查兹

钠 22.9898	镁 24.305	IIIB	IVB	VB	VI
19 K 钾 39.098	20 Ca 钙 40.08	21 Sc 钪 44.956	22 Ti 钛 47.9	23 V 钒 50.9415	24 C 铬 51.9
37 Rb 铷 85.467	38 Sr 锶 87.62	39 Y 钇 88.906	40 Zr 锆 91.22	41 Nb 铌 92.9064	42 M 钼 95.9
55 Cs 铯 132.905	56 Ba 钡 137.33	57-71 La-Lu 镧系	72 Hf 铪 178.4	73 Ta 钽 180.947	74 W 钨 183
87 Fr	88 Ra	89-103	104 Rf	105 Db	106

◆在元素周期表中可以看到，每一种元素都有精确的原子量

名人介绍——理查兹的生平

◆美国宾夕法尼亚州日耳曼镇是理查兹出生的地方

理查兹出生于美国宾夕法尼亚州。他从小爱画画，还迷恋天文和化学。1883 年进入哈佛福特学院学习，1885 年大学毕业获化学学士学位。随后进入哈佛大学，师从美国著名化学家库克攻读化学。1886 年相继获学士和硕士学位，1888 年获博士学位，是哈佛创立以来最年轻的博士。同年获帕克奖学金到欧洲留学，曾在哥丁根大学、慕尼黑大学和德累斯顿工业大学学习。在德

国进修期间，他受到迈耶尔测量有机物分子量的启发，回哈佛大学后继续进行原子量测定工作。他曾在 1903 年到 1911 年期间担任哈佛大学化学系主任。1912 年被授予欧文化学教授职位，同年任沃尔科特·吉布斯纪念实验室主任。1928 年 4 月 2 日逝世于马萨诸塞州。

与化学家对话

火眼金睛
——物质是这样被分离的

◆色谱分析方法在研究工作中起到关键作用

色谱法是一种分离和分析物质的方法，在分析化学、有机化学、生物化学等领域有着非常广泛的应用。它又被称为"色谱分析"、"色谱分析法"、"层析法"。色谱法的基本原理是利用不同物质在不同相态的选择性分配，以流动相将固定相中的混合物进行洗脱，混合物中不同的物质就会以不同的速度沿固定相移动，最终达到分离的效果。色谱法起源于20世纪初，20世纪50年代后飞速发展，并发展出一个独立的三级学科——色谱学。历史上曾经先后有两位化学家因为在色谱领域的突出贡献而获得诺贝尔化学奖。色谱分析的方法还在12项获得诺贝尔化学奖的研究工作中起到关键作用。

海罗夫斯基与极谱法

捷克斯洛伐克化学家洛斯拉夫·海罗夫斯基，1890年12月20日生于布拉格。早在中学时代，他就对化学产生了浓厚的兴趣，并且立志要攻读物理化学。1910年他进入伦敦大学学习。1914年，第一次世界大战爆发后，他返回捷克斯洛伐克服兵役，在医院担任药剂和X光透视工作。同时抽时间做实验，写博士论文。1918年获查理大学博士学位。

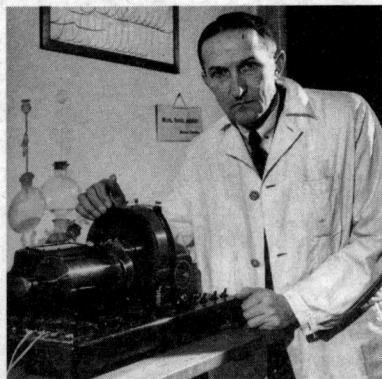

◆洛斯拉夫·海罗夫斯基

海罗夫斯基在 1922 年提出了极谱法，他是在毛细现象研究中发现这一方法的。他用滴汞电极测量电压增加时通过溶液的电流，从而绘出的曲线，可测定出微量的物质，并总结出电流－电极－电位曲线，发明了极谱法。1935 年他推导了极谱波的方程式，说明了极谱定性分析的理论基础。1941 年，他开始联用示波器，从而发明了示波极谱。正是由于海洛夫斯基发明和发展了极谱法，1959 年诺贝尔化学奖颁发给了他。

◆当年洛斯拉夫·海罗夫斯基发明的仪器如今陈列在博物馆内

分配色谱法的发明

1938 年，阿切尔·约翰·波特·马丁和理查德·劳伦斯·米林顿·辛格准备利用氨基酸在水和有机溶剂中的溶解度差异分离不同种类的氨基酸，马丁早期曾经设计了逆流萃取系统以分离维生素，马丁和辛格准备用两种逆向流动的溶剂分离氨基酸，但是没有获得成功。后来他们将水吸附在固相的硅胶上，以氯仿冲洗，成功地分离了氨基酸，这就是现在常用的

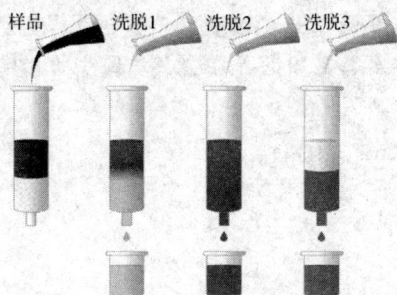

样品　洗脱1　洗脱2　洗脱3

◆ 色谱法工作原理图（色谱法是利用不同物质在色谱柱内不同的运动速度而使用洗脱液将不同的物质区分开来）

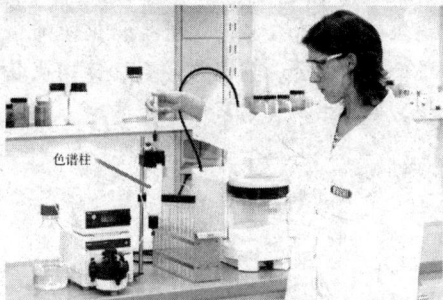

色谱柱

◆色谱法的关键所在是色谱柱

分配色谱。获得成功之后，马丁和辛格的方法被广泛应用于各种有机物的分离。

　　他们两位科学家发明的分配色谱法是色谱法的一种，利用固定相与流动相之间分离组分溶解度的差异来实现分离。分配色谱的固定相一般为液相的溶剂，依靠图布、键合、吸附等手段分布于色谱柱或者载体表面。分配色谱过程本质上是组分分子在固定相和流动相之间不断达到溶解平衡的过程。

名人介绍——马丁和辛格

◆阿切尔·约翰·波特·马丁（左）和理查德·劳伦斯·米林顿·辛格（右）

阿切尔·约翰·波特·马丁是英国著名的生物化学家。1959 年他成为阿博茨伯里实验室主任。马丁通过与辛格的合作研究发明了一种快速而又经济的分析技术，即分配色谱法，使化学、医学和生物学研究得到广泛的进展。为此，马丁和辛格共同获得了 1952 年的诺贝尔化学奖，那时他年仅 42 岁。

英国生物化学家理查德·劳伦斯·米林顿·辛格，早在 1939 年就担任诺里奇食品研究所生物化学师。1950 年被选为英国皇家学会会员。是爱丁堡皇家学会、英国化学会、英国生物化学会、英国营养学会、法国生物化学会、美国生物化学家协会会员。

与化学家对话

强强联手

——从物理化学到量子化学

　　1925 年和 1926 年，物理学家海森堡和薛定谔各自建立了矩阵力学和波动力学，标志着量子力学的诞生，量子力学也成为化学家认识物质化学结构的新理论工具。1927 年物理学家海特勒和伦敦将量子力学处理原子结构的方法应用于氢气分子，成功地定量阐释了两个中性原子形成化学键的过程，他们的成功标志着量子力学与化学的交叉学科——量子化学的诞生。

　　经过化学家们的努力，量子化学理论和计算方法在近几十年中有了很大的进步，它可以定性和定量地阐明许多分子、原子和电子尺度级问题，越来越受到重视。现在，量子化学已被广泛应用于化学的各个分支以及生物、医药、材料、环境、能源、军事等领域。

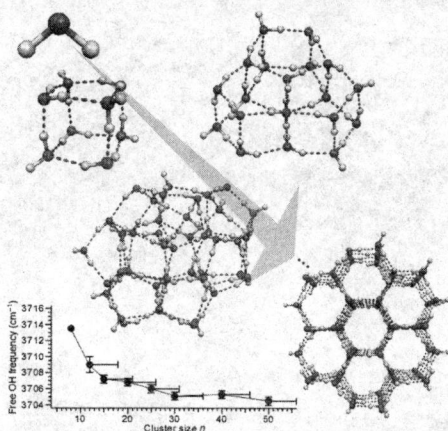

冲破经典理论的束缚
——量子化学的崛起

科学家一般都是通过实验总结归纳出一些重要的化学原理和规律，例如门捷列夫元素周期律。元素周期律本质的揭示是在 1925 年量子理论出现以后。量子化学悄然兴起于 1927 年，海特勒·伦敦用量子力学处理氢分子之后。量子化学的每一次重大突破，都深刻地推动整个化学学科的发展。从 20 世纪 50 年代到 80 年代，由于提出了新的化学概念和化学思想，量子化学家们曾 4 次荣登诺贝尔奖领奖台。

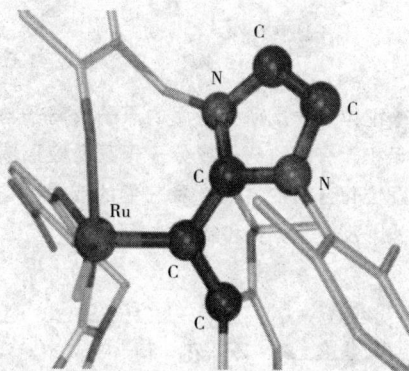

◆量子化学使化学进入了更加细致入微的领域

配位化学的建筑师

阿尔弗雷德·维尔纳的名字是与配位化学密切联系的，他被称为配位化学的奠基人。他的名字可以称为这一学科的代名词。时至今日，配合物尤其是金属氨合物，仍被称为维尔纳络合物，配位理论被通称为维尔纳理论。

1893 年，26 岁的维尔纳担任讲师期间就提出了配位理论。这是当时革命性的理论。当时，他所依据的实验事实非常有限。在此后的二十多年里，他一直致力于实验数据的积累，用来证明他的理论的有效性。他是证明"立体化学不仅限于碳化合物，而是普遍现象"的第

◆阿尔弗雷德·维尔纳

与化学家对话

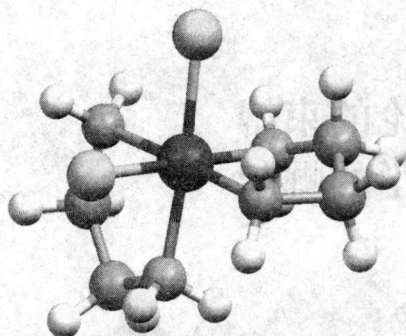

◆配位化学是研究金属的原子或离子与无机、有机的离子或分子相互反应形成配位化合物的特点以及它们的成键、结构、反应、分类和制备的学科

一人。他发表的大量理论和实验论文，直到今天仍是配位化学研究的基础和指南。维尔纳以其杰出成就荣获1913年诺贝尔化学奖，成为第一个获此殊荣的瑞士化学家。

维尔纳关于配位化学的理论的意义和应用，不仅仅局限于无机化学，该理论对有机化学、分析化学、物理化学以及矿物学、结晶学、生物学、空间科学等领域都具有非凡的价值。因此，他被人誉为"无机化学中的克库勒"、"配位化学的建筑师"。

与化学家对话

万花筒

维尔纳，1866年12月12日生于法国阿尔萨斯的米卢斯，他不仅是出色的理论家，也是卓越的实验大师。

名人介绍——"初生牛犊"的维尔纳

18岁那年，维尔纳写出了他人生中的第一篇论文，并送请一位教授审阅。维尔纳后来回忆道："没有自己的实验数据，只简单地将有关尿素化合物的研究资料编辑起来，凭着年轻人的胆大和热情，我竟自信这篇论文会改变整个有机化学。我把论文送给教授，他告诉我8天后回话。8天后，我满怀希望到了那里，尽管他对我的论文赞赏有加，但毫不隐讳地告诉我，这

◆法国阿尔萨斯的米卢斯是维尔纳的家乡

篇论文还没有使有机化学发生革命性的变化，还必须学习更多的东西。"

量子化学先驱者——鲍林

美国著名化学家莱纳斯·卡尔·鲍林（1901—1994 年）被誉为量子化学和结构生物学的先驱者之一。

鲍林出生于美国俄勒冈州的波特兰市。1922 年他在俄勒冈州立大学获得化学工程理学学士学位，1922 年获得哲学博士学位。1923 年他成为了哥根海姆基金会会员，在欧洲许多大学跟随当时一些著名科学家如薛定谔、玻尔等从事研究工作。1931 年他回到美国俄勒冈州立大学担任教授，并同时获得了美国化学会的一个奖项——兰缪尔奖。鲍林在科研方面的主要贡献是对于分子结构的研究，特别是在化学键的类型及其与物质性质的关系方面。他提出的元素电负性标度、原子轨道杂化理论等概念，是现代化学工作者所必须了解的和熟悉的。特别是鲍林所著的《化学键的本质》更是化学结构理论方面的经典著作。他使用量子力学的手段来分析化学问题，以直观、浅显的概念重新阐述结论，这使那些未受量子力学训练的化学家也可利用准确的直观图像研究化学问题。

◆莱纳斯·卡尔·鲍林

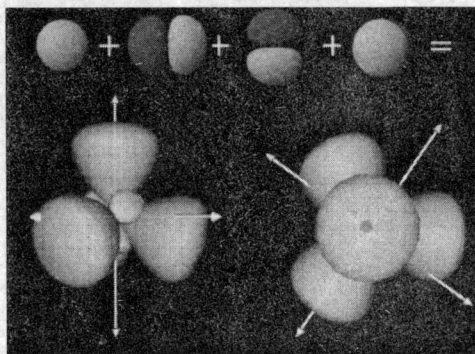

◆轨道杂化理论在解释分子的空间的构型方面取得了相当成功的效果，当知道分子的空间构型后，利用这个理论可以圆满地说明该分子为什么会具有这样的空间构型

由于鲍林在化学键的研究以及用化学键的理论阐明复杂的物质结构，

与化学家对话

而获得了 1954 年的诺贝尔化学奖。

小 知 识

　　鲍林在生物化学和医学方面有很深的造诣，并且取得了重要成果。鲍林共发表论文 500 余篇，著作 10 余部。他在科学研究和社会活动方面均有巨大贡献。

链接——鲍林获诺贝尔和平奖

　　现实生活中的鲍林不但是一位有成就的化学家，还是一位社会活动家。他反对战争，热爱和平，并作出突出贡献。1946 年鲍林应爱因斯坦的请求，发起成立了"原子科学家紧急委员会"。1955 年他与另外 51 名诺贝尔奖金得主发表宣言，反对美、苏核试验。1962 年他还写信给美国总统肯尼迪和苏联领导人赫鲁晓夫，要求两国停止核试验，最终促使美、英、苏三国于 1963 年在莫斯科签署《部分禁止核试验条约》。诺贝尔奖金评选委员会授予鲍林 1962 年诺贝尔和平奖，他也因此成为两位获得诺贝尔奖不同奖项的人之一（另一人为居里夫人）。

与化学家对话

透视物质结构
——原来分子是立体的

　　早在 19 世纪初，一些有预见性的化学家就已经提出了原子的空间排列的思想，例如，沃拉斯顿在 1808 年提出了四个原子按四面体四顶角排列的结构，1832 年巴黎科学院讨论了分子的空间结构理论。但所有这些都没有形成真正意义上的空间结构概念。随着科学的发展和一代又

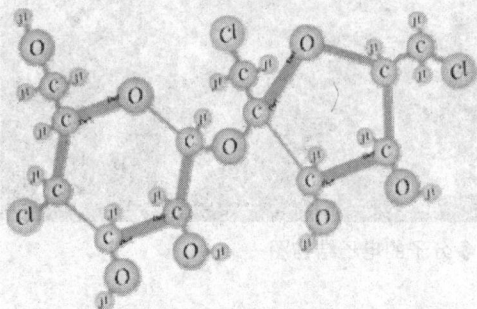

◆物质的化学结构

一代化学家们的努力，物质的化学结构越来越精确，使"躺"着的分子"站"了起来。

分子光谱学鼻祖——赫茨伯格

　　格哈德·赫茨伯格，生于 1904 年，是 20 世纪最伟大的科学家之一。他开始研究活动的时候，正值量子力学被发现，并被用于揭示微观世界奥秘的时期。赫茨伯格选择了光谱学作为研究领域，研究原子和分子发射和吸收的光线。在当时，这一学科处于现代科学发展的中心地位。他在七十年坚持不懈的研究中，做

◆格哈德·赫茨伯格

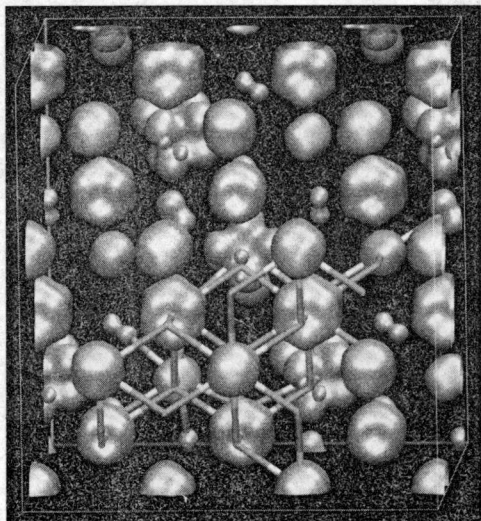

◆分子的电子结构图

了许多经典的实验，并取得了卓越的理论成果，被公认是分子光谱学的奠基人。

赫茨伯格建立的光谱学实验室坐落于加拿大渥太华，它已成为全世界一代代青年科学家们心目中的"圣地"。赫茨伯格通过撰写经典的《分子光谱和分子结构》三部曲以及《原子光谱和原子结构》，将光谱学领域的知识系统化。这些著作成为光谱学领域的物理学家、化学家和天文学家所尊崇的"圣经"。正是由于贡献突出，

与化学家对话

1971 年他获得了诺贝尔化学奖。当时瑞典学院给他这样的赞誉："在科学界，一个人无论多么杰出，能像他这样领导整个具有普遍重要性的研究领域，仍属罕见。"赫茨伯格运用光谱学阐明分子的电子结构和几何形状，特别是对自由基的研究成绩卓著，他还参与了闪光光解法的研究，测定了20 种以上自由基的电子结构。

立体化学的创建者——普雷洛格

普雷洛格是最早发现大、中环分子体系空间效应的化学家之一，并率先使用了构像分析法。他从中学开始就对有机分子空间结构研究感兴趣，他与巴顿共同创建了现代化学的重要分支学科——立体化学。

20 世纪 50 年代后期，普雷洛格与卡恩等一同发展了现代有

◆弗拉基米尔·普雷洛格

强强联手——从物理化学到量子化学

机化学研究中普遍采用的 CIP 规则体系，这一体系主要解决四面体立体中心的手征性含义问题。鉴于他对现代立体化学创建和发展所作出的杰出贡献，诺贝尔基金会将 1975 年的诺贝尔奖颁给了他。

普雷洛格另一大贡献是成功地促进了有机化学领域传统观念和新思想的结合。他早期的化学研究采用的都是传统方法。20 世纪 50 年代，由于先进的物理学研究手段大量出现，他在化学研究中大胆引进了不少新的物理学方法，这也带动了他所在的瑞士联邦技术学院有机化学实验室始终走在世界前列。

◆普雷洛格赋予了化学物质立体结构

在他的实验室中，一提及普雷洛格，人们的印象是思维敏捷、性情平和，作为实验室主任，他不断改进管理方法，与年轻的同事们分享权利，共担责任。与他同时代的其他有机化学家，很少有人能像他那样精于数学、图论等方面的知识，更很少有人能像他那样用数学方法来描述分子结构。在去世前不久，92 岁高龄的他还依然精神矍铄地出现在学院的实验楼里。

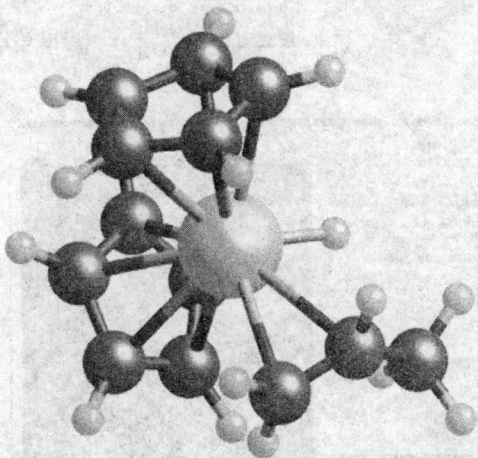

小 知 识

弗拉基米尔·普雷洛格 1906 年 7 月 26 日出生于萨拉热窝，是原奥匈帝国皇室的后代。德国 1941 年占领南斯拉夫后，他逃到瑞士，进入瑞士联邦技术学院有机化学实验室，并在其同胞卢齐卡教授的领导下从事研究。

与
化
学
家
对
话

知识库——什么是立体化学？

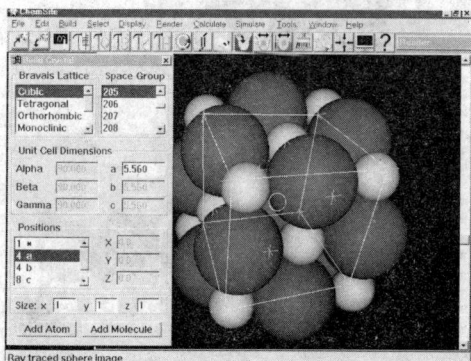

◆如今，有许多应用软件来分析物质的化学立体结构

　　所谓立体化学，顾名思义就是从立体的角度出发研究分子的结构和反应行为的学科。它的研究对象是有机分子和无机分子。立体化学在有机化学中占有更重要的地位，立体化学的观点和方法适用的领域除了研究有机化合物的分子结构和反应性能，还可应用在天然产物化学、生物化学、药物化学、高分子化学中。立体化学在探索生命奥秘方面，特别是在对生物大分子，包括蛋白质、酶和核酸分子的认识和人工合成方面非常重要。

与命运抗争的康福思

　　约翰·康福思，1917 年 9 月出生于澳大利亚的悉尼。康福思无忧无虑的童年生活很快被一件残酷的现实改变了。就在康福思 10 岁那年，被医生诊断为耳硬化症，这个疾病会越来越严重，最终导致失聪。对康福思来说，他年轻的生命才刚刚开始，命运却与他开了这么一个残酷的玩笑。但医生说，这是一个渐进的过程，还有大约 10 年的时间他能听见声音。康福思觉得 10

◆康福思虽然失聪，但对于科学有执著的追求

强强联手——从物理化学到量子化学

年的时间已经完全够自己学习、掌握"谋生"的本领了。

于是，康福思开始了与疾病赛跑。他必须赶在听力完全丧失之前，尽可能学习更多的知识。在学校，他的学习成绩优秀，14岁那年受到学校的奖励。由于他喜爱化学这门课程，在家里建了一个简易的化学实验室，参照有机化学的教科书，开始了有机合成的实验。他用廉价的化学原料

◆1977 年，康福思（右一）受到澳大利亚总理赫尔曼·布莱克（左一）的嘉奖

合成了很多制剂。正是由于这些实验，增强了康福思的自信心。他觉得可以通过自己的努力来改变事物，同样，他也完全可以通过自己的努力来改变命运。

康福思凭着勤奋的努力，考入了悉尼大学，并取得优异的成绩。尽管康福思的听力持续地衰退，但他还是凭借着毅力到英国工作读书、研究，获得有机合成方面的博士学位。

小 知 识

约翰·康福思任聚森大学分子科学院皇家学会研究教授。他同罗宾森共同研究酶过程，特别是对甾醇和萜烯类的生物合成有了新的了解。由于他对立体化学的贡献，1975 年与普雷洛格共同被授予诺贝尔化学奖。

与化学家对话

即刻起变化——快速化学反应

化学反应在我们的生活中随处可见，从家庭主妇厨房烹饪到中学的化学课，这些都包含着化学的反应。但你知道什么是化学反应的速度吗？它是指在一定条件下，化学反应中反应物转变为生成物的快慢。简而言之就是完成某反应所需要的时间。这个过程究竟有多快？几分钟，还是几秒钟？在 20 世纪初就有科学家对这个问题作出了回答，并且有人发现在毫秒间就能发生的化学反应。

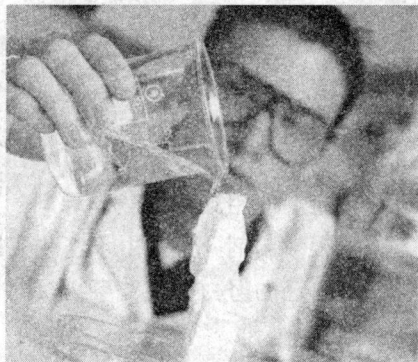

◆化学反应伴随着我们的生活

聪明的化学家

1853 年 9 月 2 日，奥斯瓦尔德出生于俄国拉脱维亚的里加（今拉脱维亚首都）。他从小就有很强的动手能力，自己制作焰火爆竹，对化学有着浓厚的兴趣。早在他 25 岁时就获得了博士学位。1882 年他出任里加工学院的化学教授。后来又任莱比锡大学教授。1898 年任电化学研究所所长。1906 年辞职，隐居山村，主要从事写作。

奥斯瓦尔德在化学方面的主要贡

◆奥斯瓦尔德

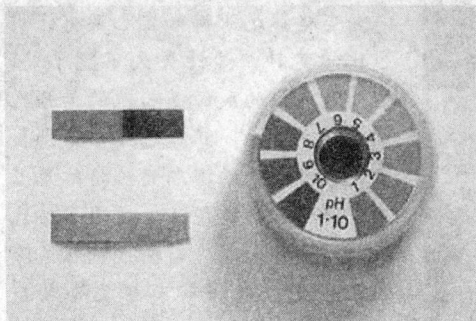

◆利用颜色来标识酸碱度是奥斯瓦尔德发明的

献是提出稀释定律；用电离平衡理论解释了酸碱指示剂的变色机理；改进了物理化学方法和仪器；研究了酸的电导率、溶液的黏滞性、纯水的电离等；从多方面研究了催化过程，得出关于催化剂的现代观点；完成了使氨发生氧化，生成氧化氮的研究工作；创立了新的颜色理论。由于在催化研究、化学平衡和化学反应速度方面的卓越贡献，他获得了1909年诺贝尔化学奖。

点 击

奥斯瓦尔德一生共著书77种，三百多篇论文。主要著作有：《普通化学教科书》、《电化学》、《自然哲学年鉴》、《颜色学》、《生活的道路》等，还与范霍夫一起创办了《物理化学杂志》。

广角镜——糊涂的哲学家

由于性格的原因，功成名就的奥斯瓦尔德仍然我行我素，很难听进别人的意见，他陷入了唯心主义的泥潭。他不相信原子论，而认为能量是万物的本质，物质仅仅是各种能量的空间集合。列宁在《唯物主义和经验批判主义》一书中列举了很多例子来说明奥斯瓦尔德唯心主义在理论上是混乱的。列宁说他是"一位很有名的化学家，但也是很糊涂的哲学家"。

名人介绍——格氏试剂发明人：格林尼亚

格林尼亚因发明了格氏试剂对当时有机化学发展产生的重要影响，并使他获得了1912年诺贝尔化学奖。

当格林尼亚得知自己获得诺贝尔化学奖时，心情久久不能平静，因为他取得的成绩是与他的老师巴比尔分不开的。正是巴比尔老师把自己已经开创的课题交给格林尼亚继续研究，格林尼亚才发现了格氏试剂（一种金属镁与卤代烷在溶液中反应生成的镁的有机化合物）。为此，格林尼亚上书瑞典皇家科学院诺贝尔基金委员会，请求把诺贝尔化学奖发给巴比尔老师。他不仅是一位勤奋好学、成果累累的学者，也是一位道德高尚的人。

◆维克多·格林尼亚

镍的催化作用

物理学家、化学家保罗·萨巴蒂埃，1854 年 11 月 5 日生于法国奥德省卡尔卡松。26 岁的萨巴蒂埃以金属硫化物的论文获博士学位，同年在法兰西学院做贝特洛的助手。随后他在波尔多做研究工作一年，1882 年在图卢兹任物理学助理教授，后任化学助理教授，1884 年任化学教授，直至逝世。

萨巴蒂埃的主要研究贡献是在 1897 年研究乙炔在热的氧化镍的作用下的氢化作用时发现金属镍粉的催化作用，并利用它将苯转化成环

◆法国物理化学家——保罗·萨巴蒂埃

强强联手——从物理化学到量子化学

已烷。后将镍催化氢化扩大到其他芳香族化合物。通过一系列的实验，他还发现用镍粉作催化剂，可以很容易就把一氧化碳氢化为甲烷。后又发现用同样的催化剂在高温下可以脱氢。这些现象促使他用镍粉作催化剂从伯醇制得醛、从仲醇制得酮。后来他研究了氧化物的催化作用，还研究了催化剂的催化机理，认为是在催化剂的表面形成了不稳定的化合物，称之为化学吸附。

◆萨巴蒂埃在法国西南部大城市——图卢兹工作过

万花筒

保罗·萨巴蒂埃因发明有机化合物催化氢化方法的贡献而与格林尼亚共获 1912 年诺贝尔化学奖。

与化学家对话

是谁打破了平衡——从低到高的渗透

◆范特霍夫画的素描像

1901 年 12 月 10 日是人类历史上一个值得纪念的日子，因为那天首次颁发诺贝尔奖。范特霍夫是第一位诺贝尔化学奖的获奖者。非常有趣的是，范特霍夫的获奖原因并不是碳的四面体结构学说，而是他的另外两篇著名论文《化学动力学研究》和《气体体系或稀溶液中的化学平衡》。诺贝尔基金委员会以此表彰他在化学反应速度、化学平衡和渗透压方面取得的杰出研究成果。

与化学家对话

送牛奶的诺贝尔奖获得者

清晨，德国柏林郊区的斯提立兹大街上，一辆马车疾驶而过。已是深冬时节，寒风阵阵吹来，刺得面颊生痛，好似小刀子割肉一般；拉车的马喘着粗气，团团白雾从马鼻子里喷出。赶马车的人 50 多岁，许多年来他一直为这一带的居民送鲜牛奶，无论天气如何，都准时不误。人们早已熟悉了这位平凡的送奶人。和其他牧场经营者一样，他养了许多牛，并把鲜牛奶送给居民喝。但是，在这条大街上居住的德国著名女画家芙丽莎·班诺却知道这位送奶人有着非同一般的来历。有几个早晨，她等在客厅里，只要听见送奶马车的声音，就急忙打开房门，邀请送奶人进家里坐一会儿，但送奶人总是以不能耽误送奶而加以拒绝。

又是一天清晨，班诺一听见马蹄声便冲了出去，上前一把拉住送奶人

强强联手——从物理化学到量子化学

的衣袖，她要为送奶人画一张素描像。送奶人仍然婉言谢绝，说道："很多人都在等着吃早餐，牛奶要按时送到，等送完奶，一定满足你的要求。"女画家心里明白，这只不过是送奶人的脱身之计。她再也不想"上当"了。她拉住送奶人的衣袖不松手："您不要再'骗'我了，我知道您是个'实验迷'，一送完奶就一头钻进化学实验室，谁也甭想把您拉出来。这次您一定得让我画一张像。亲爱的教授，请把您宝贵的时间分给我几分钟吧。"

◆范特霍夫总是专心于他的化学研究

送奶人让女画家画了一张人物素描像。第二天一早，当人们打开报纸的时候，一行引人注目的标题映入眼帘，"范特霍夫荣获首届诺贝尔化学奖"，并以整个版面刊登了女画家创作的素描像。人们吃惊地看着这幅肖像画，原来那个每天早上驾车为大家送奶的人竟是著名的化学家，而且还获得了首届诺贝尔奖！大家继而兴奋起来，相互转告，最终，送鲜奶的化学家范特霍夫被人们笑称为"牧场化学家"。

◆乌特勒支大学是荷兰最古老的大学之一，范特霍夫就是该校的校友

与化学家对话

讲解——什么是渗透？

范特霍夫以渗透压和化学动力学的研究成果获第一届诺贝尔化学奖。一百多年来，范氏渗透压公式，一直被人们传承，几乎在世界各国的物理化学教科书中，已被认为是"无懈可击"的经典理论。人们不禁要问，什么是渗透？

渗透作用是自然界的一种普遍现象，我们在生活中随处可见：在蔗糖浓溶液

上小心加入一层清水，水分子即从上层渗入下层，蔗糖分子也由下层涌入上层，直到蔗糖溶液的浓度均匀为止。在化学课上，你也许见过这样一个实验，一个容器，将蔗糖水溶液与水用半透膜隔开，使膜内和膜外液面相平，静置一段时间后，可以看到一侧膜内溶液的液面不断上升，说明水

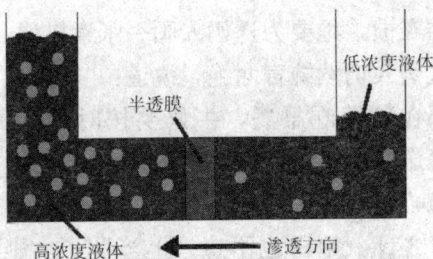

◆渗透现象示意图

分子不断地透过半透膜进入溶液中。因此，我们把溶剂透过半透膜进入溶液的自发过程称为渗透现象。

天才阿伦尼乌斯

与
化
学
家
对
话

阿伦尼乌斯，1859年2月19日生于瑞典乌普萨拉。1884年获博士学位。后获得瑞典科学院列特斯特德奖学金去欧洲留学。先后师从化学家克莱夫、物理学家埃德隆。1895年他担任斯德哥尔摩物理化学教授。1897开始担任该校校长，1900年被选为诺贝尔奖金物理学委员会评委，1901年当选为瑞典科学院物理学学部院士和瑞典农业科学院院士，1905年起任诺贝尔物理化学研究院院长。

◆斯凡特·奥古斯特·阿伦尼乌斯

阿伦尼乌斯在许多学科都有成就，例如物理化学、免疫化学和大气物理学。特别是在物理化学方面，他研究稀溶液中化学电解分离问题，提出一个新学说——电离理论。他在其他领域的成就主要是首先提出光压在天体物理中的重要作用，并提出宇宙间的能量不断更新理论和火星上是否有生命物的问题。

阿伦尼乌斯从小十分聪明，3岁就开始识字，并学会了算术。而且是无师自通，他是看哥哥写作业

强强联手——从物理化学到量子化学

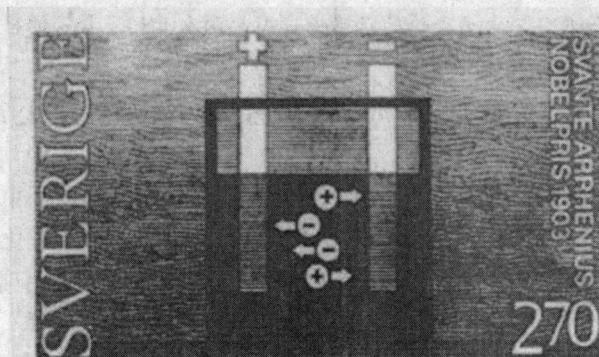

◆为纪念阿伦尼乌斯因电离理论获得诺贝尔奖而发行的邮票

时逐渐学会了识字和计算。早在 6 岁时他就能够帮助父亲进行复杂的计算。进入中学后，阿伦尼乌斯各门功课都名列前茅，特别喜欢物理和化学。1876 年，他以优异的成绩考入乌普萨拉大学。他选择了物理专业但仍然保持了对化学的兴趣。17 岁时，就通过了博士学位的考试，被人们认为是天才。

广角镜——阿伦尼乌斯与电离

阿伦尼乌斯通过大量的实验和计算，发现电解质溶液的浓度对导电性有影响。他提出了一个非常大胆的设想：是不是食盐溶解在水里就电离成为氯离子和钠离子了呢？在当时，人们都不敢如此想象。

由于他的电离学说得不到人们的理解，特别在瑞典国内几乎没有人支持，1883 年阿伦尼乌斯带着论文回到乌普萨拉大学。他决定向国外寻找支持者。这时里加工学院任教的奥斯特瓦尔德教授觉得这个年轻人的观点是可取的。并且立刻意识到，阿伦尼乌斯正在开创一个新的领域——离子化学。喜欢动手做实验的奥斯特瓦尔德立刻通过实验来证实阿

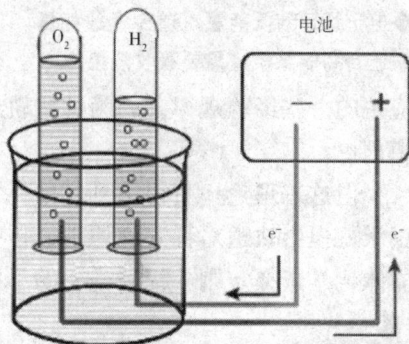

◆水是由氢元素和氧元素组成的，在通电情况下，可以将水解离成氧气和氢气

伦尼乌斯电离理论的正确性。因此两人开始了紧密的合作。

第一个获诺贝尔化学奖的亚洲人

◆福井谦一

亚洲第一个获诺贝尔化学奖的科学家是日本量子化学家福井谦一，1918年10月4日生于奈良市。1948年获京都大学博士学位，1951年起任京都大学物理化学教授。他因为创立"前线轨道理论"而获得1981诺贝尔化学奖。

福井谦一在量子化学方面造诣颇深，他长期致力于烃类的研究。早在1952年他提出前线轨道理论。这个理论不仅可以解释他之前的有关经验规律，而且可以预言许多化学反应。福井认为分子轨道中能量最高的填有电子的轨道和能量最低的空轨道在反应中至关重要。能量最高的已占分子轨道（简称HOMO）上的电子被束缚得最松弛，最容易激发到能量最低的空轨道（简称LUMO）中去，并用图像来说明化学反

释放能量

吸收能量

◆电子跃迁到低能量轨道会释放能量，跃迁到高能量轨道需要吸收能量

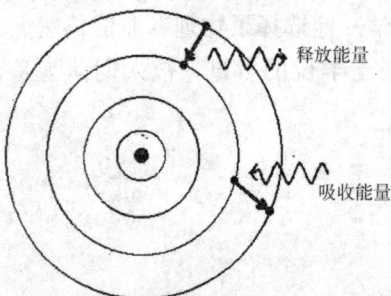

应中的一些经验规律。因为这些轨道是处于前线的轨道，所以称为前线轨道理论。

但这一理论一直得不到其他科学家的重视，一直到1965年霍夫曼和伍德沃德提出轨道对称守恒原理，首先用前线轨道的观点讨论了周环反应的立体化学选择定则，福井谦一的早期理论才被认可。

万花筒

福井谦一的"前线轨道理论"和霍夫曼的"分子轨道对称守恒原理"同样重要。因此，福井谦一和霍夫曼共获1981年诺贝尔化学奖。

造福人类的氨肥料
——人工合成氨

◆氨的分子结构,分子式为 NH₃

1918 年的诺贝尔化学奖颁给了德国化学家弗里兹·哈伯,他发明可用于生产氨的固氮法。这一结果引起了科学界的争论,一些科学家公开表示反对,他们认为,哈伯没有资格获得这一荣誉。然而也有人支持他,评价他为"天使",为人类带来丰收和喜悦,是用空气制造面包的"圣人"。这究竟是为什么?为什么他的贡献会引起争议?

哈伯与合成氨

由于当时生产工艺落后,利用氮、氢为原料合成氨的工业化生产在 18 世纪是一个较难的课题。有人试图在常压下进行氨合成,后来又有人在 50 个大气压下试验,结果都失败了。法国化学家勒夏特里第一个进行高压下合成氨的实验,但是由于氮氢混合气中混进了氧气,引起爆炸,使他放弃了这项危险的实验。然而,哈伯不畏艰难,决心攻克这一令人生畏的难题。

哈伯经过不断实验和探索,从火花下反应到使用不同催化剂,从常温常压到高温高压等各种实验,最后终于在

◆哈伯接受诺贝尔奖是当之无愧的

◆合成氨厂

200 个大气压和温度在 500℃～600℃时，利用氢、氮反应得到 6%以上的氨。1905 年哈伯在慕尼黑出版了《工业气体反应热力学》一书。书中阐述了他对氮、氢合成反应平衡关系的研究。1909 年 7 月，哈伯成功建立了每小时能产生 80 克氨的实验装置。这些实验为以后的合成氨工业奠定了基础。

说到工业大量合成氨，还得提及德国巴登苯胺和苏打公司，他们由此看到了合成氨的工业化发展前景，投入巨资聘请化学工程专家从事工业化设计。耗时 5 年，终于找到了合适的催化剂，并设计出能长期使用和可操作的简便合成氨装置。1910 年该公司建起了世界第一座合成氨试验厂。1913 年建立了年产 7000 吨规模的合成氨厂。

合成氨生产方法的创立不仅开辟了人工获取固定氮的途径，更重要的是这一生产工艺对整个化学工艺的发展产生了重大影响。合成氨生产工艺的研试推动了科学理论的发展。现在，科学界普遍认为决定把诺贝尔化学奖授予哈伯是正确的。

与化学家对话

知 识 库

不可或缺的氨

氨是重要的无机化工产品之一，农业上使用的氮肥，例如尿素、硝酸铵以及各种含氮复合肥，都是以氨为原料的。合成氨是大宗化工产品之一，世界每年合成氨产量已达到 1 亿吨以上，其中约有 80%的氨用来生产化学肥料，20%作为其他化工产品的原料。

链接——最有争议的获奖人

正是由于哈伯的发明使化学肥料得以批量生产，从而使农作物产量大幅提高。但是这一发明也被德国用于战争，残害无数生灵，在第一次世界大战期间，哈伯制造了第一次毒气袭击事件。哈伯还参与了氰化氢毒气的研制，这种毒气后来被纳粹德国用于在集中营里屠杀包括犹太人在内的数以百万计的人。不幸的是，哈伯自己也是一位犹太

◆哈伯被誉为现代化学武器之父

人，并因此和其他千千万万的犹太人一样在战争中遭到残酷迫害。

哈伯成就的延续

1884年10月11日，伯吉尤斯生于德国，后来成为著名的化学家。伯吉尤斯曾在布雷斯劳大学、莱比锡大学、柏林大学等多所学校学习，也曾在卡尔斯鲁厄工业学院和汉诺威工业学院任教。他的主要贡献是将煤粉和氢直接转化为汽油和润滑油，而无需分离中间产物，这在当时是一

◆卡尔·博施（左）和伯吉尤斯（右）

项重大科技进步。在他发表的论文《高压在化学反应中的应用》中，突出反映了他在高压化学方面的研究成果。他完成了把煤转化为液态烃的工作。此外，他还进行了木材转化为糖的研究。

1931年与伯吉尤斯共同获得诺贝尔化学奖的还有德国化学工程专家卡尔·博施，他1874年8月27日生于德国科隆。其主要贡献是将哈伯的合

与化学家对话

◆德国海德堡的卡尔·博施博物馆

◆诺贝尔化学奖纪念邮票，图中第一排第三人
为卡尔·博施

与化学家对话

成氨研究成果应用于大规模的工业化生产，拓展了哈伯的研究成果。他进行的实验不下万次，历时近六年，才最终确定了适于合成氨用的催化剂。他设计建造了能耐高温和高压并能长期使用和操作简便的合成氨装置。1910年，博施为巴登苯胺和苏打公司建立了世界上第一座合成氨试验工厂，1913年又建立起年产7000吨工业规模的合成氨厂。第一次世界大战后，世界许多国家引进哈伯—博施法生产合成氨。除合成氨这一领域，他还发明了大规模制氢的博施法。博施在巴登苯胺和苏打工业公司改为法本化学工业公司后，出任该公司董事长。伯吉尤斯和博施两人不仅获得诺贝尔奖，还成为高压化学的创始人。

绝对零度——热力学第三定律

1920年诺贝尔化学奖颁给了德国物理化学家能斯特，1906年，他根据对低温现象的研究，得出了热力学第三定律，也被人们称为"能斯特热定律"。这个定律有效地解决了计算平衡常数问题和许多工业生产难题，它是物理学中又一条基本定律，它不能由任何其他物理学定律推导得出，只能看做根据实验事实作出的经验总结。这些实验事实跟低温现象的研究有密切的关系。

◆热力学第三定律是通过对低温现象的研究得出的

能斯特与热力学第三定律

德国卓越的科学家能斯特于1864年6月25日出生于西普鲁士的布里森（今属波兰），由于家庭原因，曾就读于瑞士苏黎世大学，奥地利格拉维茨和维尔茨堡等大学。在学校期间，他成绩优异，年仅23岁就获得了博士学位。在维尔茨堡大学，他认识了阿伦尼乌斯，并被推荐给德国物理化学家奥斯特瓦尔德当助手。1888年，通过实验，他得出了电极电势与溶液浓度的关系式，即能斯特方程。

◆能斯特

◆能斯特发明的能斯特灯，又称能斯特发光体，是一种带一条稀土金属氧化物灯丝的固体辐射器，对红外线光谱学十分重要

能斯特 28 岁就在格丁根大学任副教授，30 岁成为教授，后来成为柏林大学物理化学主任教授兼第二化学研究所所长，还兼任实验物理研究所长。

能斯特经常和研究生们相互讨论问题，他的严谨的学术作风深深地影响着他们。还设立贫苦学生奖学金，奖励贫穷但学习优异的学生。

因为勤奋，能斯特一生的研究成果很多，主要集中在以下几个方面：发明了闻名于世的能斯特灯；发现热力学第三定律：绝对零度不可能达到，并应用该定律解决了许多工业生产上的实际问题，如炼铁炉设计、金刚石人工制造和合成氨生产以及直接计算平衡常数等；与老师奥斯特瓦尔德共同研究溶液的沉淀及其平衡关系，提出溶度积等重要概念，用以解释沉淀平衡等；他还用量子论研究低温下固体的比热容，并且用实验证明，在绝对零度下理想固体的比热（容）也是零；同时，他还独立地研究金属和溶液界面的性质，推导出能斯特方程，开创了用电化学方法测定热力学函数值；提出光化学反应链式理论——光引发后，以一个键一个键传递下去，直至链结束为止，并用它解释氯气和氢气在光催化下合成氯化氢的反应。

能斯特毫无保留地把知识传给学生。在得知自己获得诺贝尔化学奖时，他谦虚地把成绩的取得归功于导师奥斯特瓦尔德的培养。

万 花 筒

能斯特著有 14 部著作，有关热力学、电化学、光化学等方面论文 157 篇，代表作是《物理化学》。他一生获得包括 1920 年诺贝尔化学奖在内的十多个重大奖项。

知识窗
新巴希斯坦之翼

能斯特于 1930 年与西门子公司合作开发了一种叫"新巴希斯坦之翼"的电子琴，其中用无线电放大器取代发声板。该电子琴使用了电磁感应器以产生电子调解及放大的声音，跟电吉他的原理是一样的。

热力学研究的突破性进展

翁萨格因研究不可逆过程热力学理论获得 1968 年诺贝尔化学奖，普里戈金因创立非平衡热力学提出耗散结构理论而获得 1977 年诺贝尔化学奖，这些标志着非平衡态热力学研究取得了突破性进展。热力学第一、二、三定律虽是现代物理化学的经典定律，但所描述的只是静止状态，在化学上只适用于可逆平衡态体系，而自然界所发生的大部分化学过程是不可逆过程。因此对于大自然发生的化学现象，应从非平衡态和不可逆过程来研究。

翁萨格出生于挪威首都奥斯陆。1928 年，来到美国约翰霍普金斯医学院为化学专业大一学生授课。尽管他在物理化学理论上有着卓越的研究成果和天分，却不懂得如何教书，因此一个学期后便被解雇。后来他到布朗大学教授统计力学这门课程，但他的教学水平依然很糟糕，所有学生中只有雷蒙德能听懂他关于

◆翁萨格，挪威和美国双国籍物理化学及理论物理学家

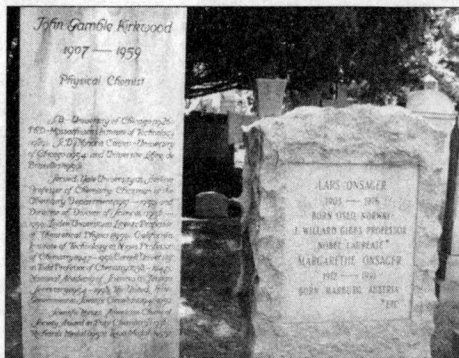

◆翁萨格的墓碑（右），只是简单地写着 No-
bel Laureate（诺贝尔奖获得者）

电解质系统的讲座。后来雷蒙德成了他的助理，并最终和他一起双双进入耶鲁大学的化学学院。

虽然翁萨格教学工作成绩平平，但是在统计力学和热力学发展上却作出了突出贡献。在布朗大学任职这段时间，他的研究领域是关于温度梯度对扩散作用的影响，1929 年他发表了翁萨格倒数关系式。1931 年，这个关系式的拓展公式也已经得出，但是其重要性多年不为人所知，直到 1968 年，他才因这项发现获得诺贝尔化学奖。

普里戈金 1917 年生于莫斯科，28 岁获得比利时布鲁塞尔自由大学博士学位后留校工作。他的主要研究领域是非平衡态的不可逆过程热力学，并提出了"耗散结构"理论。这个理论的大意是指，只有在非平衡系统中，在与外界有着物质与能量的交换的情况下，系统内各要素存在复杂的非线性相干效应时，才可能产生自组织现象，并把这种条件下生成的自组织有序态称之为耗散结构。他也因此获得 1977 年诺贝尔化学奖。

科技文件夹

21 世纪的热点研究领域有生物热力学和热化学研究，如细胞生长过程的热化学研究、蛋白质的定点切割反应热力学研究、生物膜分子的热力学研究等。

知识库——普朗克的贡献

在中学物理中，你一定知道一位德国物理学家，名叫普朗克。他是量子物

强强联手——从物理化学到量子化学

理学的开创者和奠基人。然而他早期的研究领域主要是热力学，他的博士论文就是《论热力学的第二定律》。当时他在能斯特研究的基础上，利用统计理论指出：各种物质的完美晶体在绝对零度时熵为零。1911年，普朗克也提出了对热力学第三定律的表述，即"与任何等温可逆过程相联系的熵变，随着温度的趋近于零而趋近于零"。

◆德国物理学家普朗克

与化学家对话

从不可能变成可能
——气相反应化学动力学

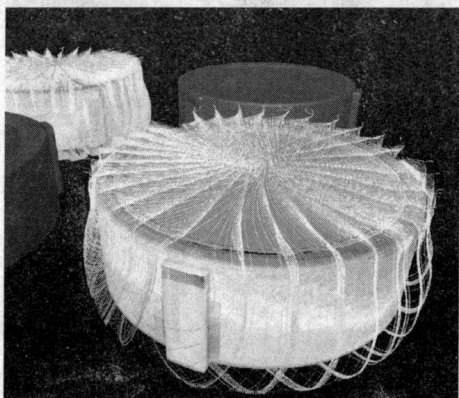

◆分子反应动力学是现代化学动力学的一个
前沿阵地

1901 年范霍夫因为研究化学动力学和溶液渗透压的有关定律获得诺贝尔化学奖，55 年后，这一科学界的最高奖赏又颁发给致力于研究化学反应动力学和化学反应历程的谢苗诺夫和欣谢尔伍德。这说明化学反应动力学和化学反应历程一直是化学界研究的重大课题。

55 年后的获奖

◆谢苗诺夫（左）和欣谢尔伍德（右）

欣谢尔伍德 1897 年 6 月出生于伦敦，1924 年获得牛津大学博士学位，并成为牛津大学的教师，1937 年晋升为化学教授。他的主要贡献是研究化学反应的速度。在分析反应速度时，人们可以推测发生反应的机理。例如氢和氧生成水的反应看似很简单，但其间也发生了复杂的链反应：氢分

与化学家对话

强强联手——从物理化学到量子化学

子裂开成为氢原子，接着一个氢原子和一个氧分子化合释放出一个自由氧原子。这个氧原子可以和一个氢分子化合释放出一个自由氧原子等等。1928年，欣谢尔伍德证明，低于某个温度时，链反应在达到将要爆炸的速度之前就会在器皿壁处停止，而高于这个温度它就不会停止。凑巧的是，谢苗诺夫在一年前也得到了相同的结论。正是由于在反应机理上取得的成果，两位科学家分享了1956年诺贝尔化学奖。

万 花 筒

具有责任心的科学家

作为一个世界著名的科学家，谢苗诺夫曾多次强调科学要为人类的幸福和社会的进步服务。他在荣获诺贝尔奖金时发表的演讲的最后，向全世界科学家们呼吁，"世界科学家共同努力，要使科学为世界的进步利益和人类的幸福，作出积极贡献"。

链接——研究超低温下物质的性质

在现实生活中，处于超低温下的物质，往往会表现出一些超常的特性，无论是物理学还是化学方面，对于这些特性及其实际应用的研究，都具有重要的价值。美国物理化学家威廉·吉奥克，就是这方面的权威。1895年5月12日他生于加拿大。他在美国加州柏克莱分校获博士学位后留校任教，并长期从事化学中的热力学研究，尤其是在热力学第三定律和超低温下的化学熵变方面有很深的造诣。他通过实验创造了接近绝对零度的理想境界，被誉为制造"极冷反应"的发明家。

为什么许多科学家都要探索超低温条件下物质的属性呢？这是因为在极低温条件下

◆美国科学家吉奥克

与化学家对话

的研究有极为重要的实际意义和理论价值。在这样的极限情况下，物质中原子或分子的无规则热运动将趋于静止，一些常温下被掩盖的现象却显示出来，这将为了解物质世界的规律提供重要线索。例如，1956 年吴健雄等人为检验宇称不守恒原理进行的钴－60 实验，就是在 0.01K（－272.99℃）的极低温条件下进行的；1980 年，联邦德国的克利青在极低温和强磁场条件下发现了量子霍尔效应，并因此获 1985 年诺贝尔物理奖。

与化学家对话

人类的朋友

——从胶体到高分子

在日常生活中，你听说过高分子这个名词吗？什么是高分子呢？高分子是由许多结构相同的单体聚合而成的，它的分子量很大，达几万，甚至几十万。它的结构形状也很特别，如果把普通分子比喻成小球，那么高分子则是由单体彼此连接成长链。棉、麻、丝、木材、淀粉等都是天然高分子化合物，从某种意义上来说，人本身也可以被称为是一个复杂的高分子体系。在人类历史上，人们天天都与天然高分子物质打交道，但对它们的本性却一无所知。现在，通过化学家的研究，我们已经认识了什么是高分子，并建立了颇具规模的高分子合成工业，生产出五光十色的塑料、美观耐用的合成纤维、性能优异的合成橡胶等日常生活用品。

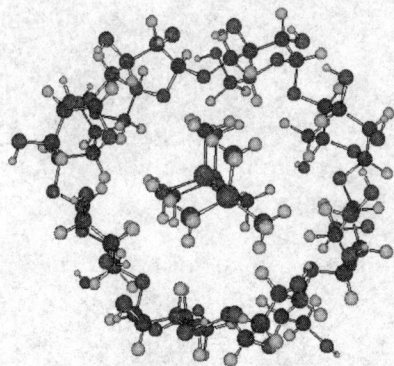

人类生活中的精灵——胶体

胶体在自然界尤其是生物界普遍存在，应用也很广泛。它与人类有着密切的联系。工农业生产以及日常生活中的许多材料和现象都是与胶体密不可分，或者在某种程度上与胶体有关。胶体又称胶状分散体，是一种均匀混合物。在胶体中含有两种不同状态的物质，一种分散，另一种连续。科学家研究的胶体化学，跟我们日常生活有着密切的联系，比如面团、乳汁、油漆、土壤等，都属胶体。

◆胶体是一种分散质粒子直径介于粗分散体系和溶液之间的一类分散体系

席格蒙迪与胶体研究

德国化学家席格蒙迪 1865 年 4 月 1 日出生于奥地利维也纳。聪慧的席格蒙迪 16 岁就进入维也纳大学学习，后来又转到慕尼黑大学学习，1889 年获有机化学博士学位。随后在柏林化学研究所担任研究助理，致力于胶体化学分析。1897—1900 年间，他在德国一家玻璃厂任职时发现了某些彩色玻璃的秘密，例如，红宝石玻璃中含有胶体金。席格蒙迪的这

◆德国化学家——席格蒙迪

一发现引起了耶拿城蔡司工厂显微镜部主任、光学专家西登托夫的重视，西登托夫推荐他到蔡司工厂工作并拨出专款供他研究，席格蒙迪终于在1903年与西登托夫一起研制出了第一台狭缝超显微镜，这台显微镜可以观察到一亿分之一米的任何微粒的形状。席格蒙迪因"证明了胶体溶液的异象性质，以及确立了现代胶体化学的基础"，在1925年被授予诺贝尔化学奖。1929年9月23日，席格蒙迪在格丁根去世。

科技导航

有用的胶体

有色玻璃就是由某些胶态金属氧化物分散于玻璃中制成的。国防工业中有些火药、炸药须制成胶体。一些纳米材料的制备、冶金工业中的选矿、原油的脱水、塑料、橡胶及合成纤维等的制造过程都会用到胶体。

动动手——观察一下胶体

什么是胶体，我们可以自己动手做胶体溶液吗？为了回答这一问题，我们做如下实验：将一把泥土放入水中，大颗粒泥沙很快下沉，浑浊的细小土粒因受重力的影响最后也沉降于容器底部，而土中的盐类则溶解成真溶液。但是，还有一些极其微小的土壤粒子混杂在真溶液中，它们既不下沉，也不溶解。人们把这些即使在显微镜下也观察不到的微小颗粒称为胶体颗粒，含有胶体颗粒的体系称为胶体体系。胶体化学，狭义地说，就是研究这些微小颗粒分散体系的科学。

与化学家对话

装饰防腐助手——表面化学的作用

说到"表面"这一名词的定义，似乎容易理解，但却不容易用文字描述出来。物质的两相之间密切接触的过渡区称为界面，若其中一相为气体，这种界面通常称为表面。凡在相界面上所发生的一切物理化学现象统称为界面现象或表面现象。研究各种表面现象实质的科学称为表面化学。从 20 世纪 60 年代开始，表面化学开始成为一项独立的基础学科。

◆表面化学是研究各种表面现象实质的科学

化学学科的新领域——表面化学

美国化学家朗缪尔 1881 年 1 月 31 日出生于纽约州布鲁克林。1903 年毕业于哥伦比亚大学采矿系。曾经担任采矿工程师。后来继续去德国深造，1906 年获得格丁根大学博士学位。

1909 年，朗缪尔来到美国通用电气公司斯克内塔迪电气工程实验室任专职研究员。他工作勤勤恳恳，对待科研的态度十分严谨，把主要精力都用在科学实验上，他一生的研究成果几乎都是在这间实验室里完成的。

◆美国化学家——朗缪尔

走进诺贝尔奖名人堂

◆朗缪尔研究真空电子管

1913年开始，朗缪尔开始对物质的表面现象进行研究，他的积极探索开拓了化学学科的一个新领域——表面化学，发展了许多实验技术。他还对高温低压的化学反应、气体的热效应、原子结构、气体放电、大气科学等进行了广泛的实验研究。朗缪尔研究了不同气体对钨丝的作用，进而发明了充气灯泡，使灯泡的发光率和使用寿命均得到很大提高。此后，他又相继发明了原子氢焊接吹管、高真空水银灯，对光源和无线电技术的发展作出了贡献。现在我们使用的白炽灯也得益于他的发明。

为表彰朗缪尔对表面化学研究的贡献，1932年他被授予诺贝尔化学奖。这在工业企业界的研究人员中还是第一次。他还两次获得尼科尔奖章。朗缪尔的科研活动和所取得的成果，极大地促进了工业企业科学研究的发展和科技进步。

> **知识库**
> **朗缪尔的成就**
>
> 1912年研制成功高真空电子管，使电子管进入实用阶段。
> 1913年研制成充氮、充氩白炽灯。
> 1924—1927年发明氢原子焊枪。
> 1940年起，朗缪尔对云和降水微物理学和人工降雨试验作出重要贡献。
> 1947年，与人合作，发明了人工降雨的干冰布云法。

轶闻趣事——朗缪尔与第一次人工降雨试验

说起人工降雨，人们可能不陌生，但要问是谁首次成功地实现了人工降雨，恐怕知道的人就不多了。实现首次人工降雨的科学家是美国的化学家朗缪尔。他

与化学家对话

潜心研究物质的表面现象，如蒸发、凝聚、吸附、单分子表面膜、界面现象等，并开拓了化学学科的一个新领域——表面化学，而大气科学也与表面化学相关，如风引起的水表面运动，积云中雨的产生，过冷云层中雪的形成，云中冰晶的成核作用等。1946 年，在他的指挥下，一架飞机腾空而起，试验人员将 207 公斤干冰洒向云海。30 分钟后，狂风骤起，大雨倾盆而至，人类历史上第一次人工降雨试验获得了成功。

◆准备中的现代人工降雨

一篇福泽人类的"表面文章"

2007 年度诺贝尔化学奖由德国科学家格哈德·埃特尔获得，以表彰他在"固体表面化学过程"研究中作出的贡献。

格哈德·埃特尔在表面化学研究方面所取得的成果是开创性的。化学工业中的许多领域都依赖表面化学，它可以帮助我们了解许多化学过程，例如燃料电池如何工作、铁为什么生锈、催化剂如何工作等。此外，表面化学反应对于许多工业生产起着重要作用，例如人工肥料的生产。甚至，表面化学还可以用来解释臭氧层的改变。

表面化学在 20 世纪 60 年代末开始成为独立的学科，格哈德·埃特尔是首批发现这一新学科潜力的科学家之一。他逐步建立表面化学的研究方法，成功描述了在表面发生的化学反

◆德国科学家格哈德·埃特尔

◆表面化学已经应用在方方面面

与化学家对话

应的细节，并以此方法为现代表面化学奠定了基础，向人们展示不同实验过程产生表面反应的全貌。埃特尔不仅用现代表面科学的手段来研究它，还用表面科学的方法和手段来研究很多相关领域的科学问题，包括燃料电池、臭氧层的改变等。

科技导航　　表面科学就在我们身边

　　日常生活中时刻都会接触和使用。路面的摩擦让我们能够行走和驾驶；冰面的光滑让我们享受着滑冰的快乐，大脑的表面积大小决定着我们是否聪明。表面科学以这些普通的表面为研究对象，同时也解释着一些令人惊奇的有趣现象。

与化学家对话

链接——催化型工业生产

◆全世界每年有高达 1/4 的铁因锈蚀而报废

　　与表面化学联系紧密的一个研究领域是催化反应研究。绝大多数发生在气体、固体接触面的化学反应都是催化反应，例如空气中的水分是如何催化铁生锈的。近几十年来，催化研究已催生出许多具有重大经济和社会效益的产业。在环保方面，人们正试图揭开氟氯烃破坏臭氧层的过程，以便采取更有效的保护措施。在新能源行业，人们正试图研制出效率更高的燃料电池，氢气燃料电池有望替代日渐匮乏的石油。每年有占世界总产量 1/4 的钢铁因锈蚀而失去使用价值。而催化反应研究则可以提供有效防止铁生锈的方法，如在铁器表面镀上一层氧化膜等。所以催化反应研究是一个非常有现实意义的科学领域。

斗争中开辟道路
——高分子化学的建立

生活中我们时常听到"高分子"这个名词。高分子是化学研究的一个重要对象。高分子化学是研究高分子化合物的合成、化学反应、物理化学、物理、加工成型、应用等方面的一门新兴的综合性学科。人类合成高分子的历史不过 80 年，高分子化学真正成为一门科学还不足 60 年，但其发展速度迅猛。面对科学家

◆高分子合成材料让生活变的多姿多彩

在高分子领域取得的辉煌成就，我们不能不缅怀高分子科学的奠基人——德国化学家施陶丁格。

高分子化学的奠基人——施陶丁格

德国有机化学和高分子化学家施陶丁格 1881 年 3 月 23 日出生于德国沃尔姆斯一个知识分子家庭。他从小就受到各种新的科学思想的熏陶，对新生事物比较敏锐，在科学推理、思维中，能够不受传统观念的束缚，善于从复杂的事物中理出头绪，发现关键之处，提出新的观点。1903

◆高分子化学的奠基人——施陶丁格

与化学家对话

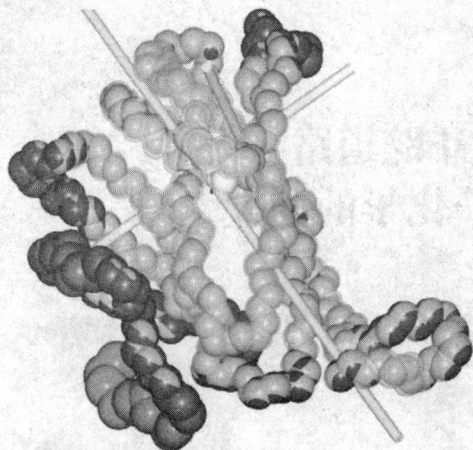

◆高分子的结构特点是：分子内有非常多的原子，并以化学键相连接，因而分子量很大

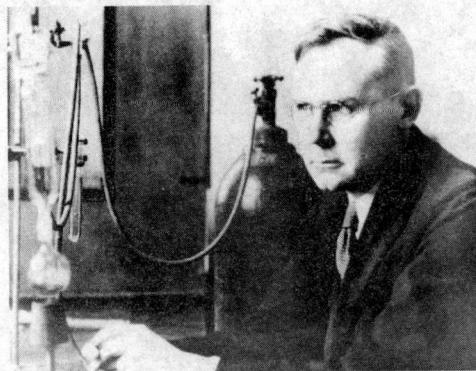

◆美国化学家卡罗瑟斯发现可用缩聚方法合成高分子化合物，使其成为广泛应用的新材料

与化学家对话

年获哈雷大学化学博士学位。1912 年在瑞士苏黎世联邦高等工业学校任教，讲授有机化学、高分子化学等课程。这期间的教学和研究使他熟悉了化学，特别是有机化学的各个领域和一些新的理论，为他顺利开展科学研究奠定了扎实的基础。1926 年他来到德国弗赖堡大学，他的许多重要科研成果都是在这里完成的。

施陶丁格不仅是"高分子化合物"概念的首创人，还可称为高分子化学的创始人和奠基人。他提出了"施陶丁格定则"，这是关于高分子化合物黏度跟高分子化合物分子量之间的关系式。迄今仍为测定高分子化合物分子量的基本方法。他发现的高分子理论直到现在仍是合成纤维、合成橡胶、塑料等高分子工业的理论基础。他又是缩聚反应的发现者，第一个合成了人工橡胶，一生发表有机化学高分子方面的论文 600 多篇。

1922 年，施陶丁格提出高分子是由长链大分子构成的观点，打破了传统的胶体理论的基础。传统胶体论者认为，天然橡胶是通过部分价键缔合起来的，橡胶加氢将会破坏这种缔合，得到的产物将是一种低沸点的低分子烷烃。但是施陶丁格没有拘泥于传统学说，通过研究天然橡胶的加氢过程，他得出结论：橡胶加氢得到的是加氢橡胶而不是低分子烷烃，而且加氢橡胶在性质上与天然橡胶几乎没有什么区别。这一实验支持了他关于天

然橡胶是由长链大分子构成的信念。随后他又将研究成果推广到多聚甲醛和聚苯乙烯，指出它们的结构同样是由共价键结合形成的长链大分子。

1932 年，施陶丁格总结了自己的大分子理论，出版了划时代的巨著《高分子有机化合物》，成为高分子科学诞生的标志。从此新的高分子被大量合成，高分子合成工业获得迅猛发展。为了表彰施陶丁格在高分子学科上的伟大贡献，1953 年他被授予诺贝尔化学奖。1965 年 9 月 8 日，施陶丁格安然去世，享年 84 岁。

科技文件夹

1926 年瑞典化学家斯维德贝格等人设计出一种超离心机，用它测量出蛋白质的分子量，从而证明高分子的分子量的确是从几万到几百万。这一事实成为大分子理论的直接证据。

小知识——影响世界的发明

1928 年，世界最大的化学工业公司——美国杜邦公司，成立了基础化学研究所，年仅 32 岁的卡罗瑟斯博士受聘担任该所的负责人。他主要从事聚合反应方面的研究。卡罗瑟斯用当时普遍使用的聚合方法合成了多种高分子，并有力地证明了这样一个理论：由小分子经次价键缔合成的胶体确实是由共价键连接成的真正分子。他在深入研究这些反应的过程中发现，当聚合度大于一定数值后，

◆尼龙在日常生活中已随处可见，我们早就习以为常了

与化学家对话

产物可纺成丝，再经冷拉后可以得到高抗拉强度的柔韧纤维。这就是后来在我们生活中占有重要地位的尼龙的前身。1938 年 10 月，杜邦公司正式宣布世界上第一种合成纤维诞生了，并将其命名为"耐纶"，又称"尼龙"。尼龙后来在英语中成为"从煤、空气、水或其他物质合成的，具有耐磨性和柔韧性、类似蛋白质化学结构的所有聚酰胺的总称"。

与
化
学
家
对
话

高分子工业化之路
——聚乙烯的合成

每一天，我们都能看见塑料、使用塑料。无论穷富，谁家里没有塑料袋呢？在当今世界消耗的塑料材料中，聚乙烯的用量最大，可谓是塑料家族中的"大哥大"。聚乙烯被广泛用于塑料瓶、人工接头及食品包装等，甚至还可以用它制造口香糖。聚乙烯在生活中应用如此之广，很难想象哪里可以缺得了它。不过在1933年以前，它并没有引起人们的重视。

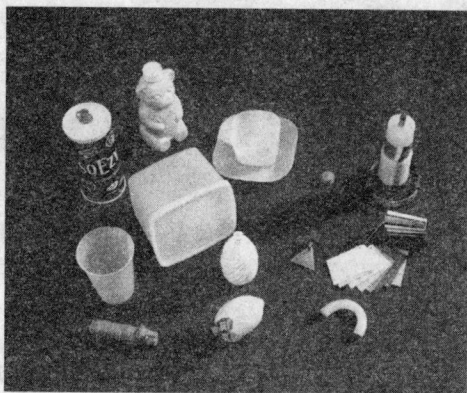

◆多样的塑料制品

高分子合成的发展阶段

现在，乙烯产量已经作为衡量一个国家石油化工发展水平的重要标志之一。自然界中就存在乙烯。在植物果实成熟过程中，植物会释放微量的乙烯气体，作为果实的催熟剂。如果尚未成熟的果实暴露在有微量乙烯的环境里，也会加速成熟。乙烯是无色

◆齐格勒（左）和纳塔（右）

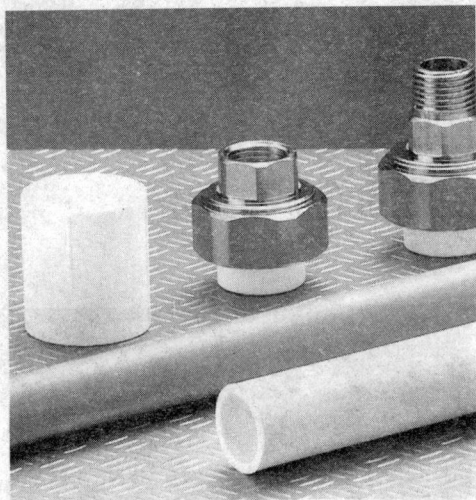

◆聚丁烯树脂于 1954 年由意大利的教授纳塔首次合成，应用于建筑内的散热器采暖连接管路系统、地面辐射供暖系统以及生活冷热水

与化学家对话

无味的气体；一些气体通过燃烧也能产生微量的乙烯，例如天然气等碳氢气体。人们很早就发现了乙烯，测定了它的一些物理和化学性质，发表了几份报告和论文，仅此而已，这种状况一直延续到聚乙烯被发现。

1933 年的一个早晨，英国帝国化学工业公司的法维克特和基普森决定在 2000 个大气压条件下进行一次乙烯与苯甲醛的高压合成反应。但是意外发生了：试验容器倾斜导致气压泄露，试验宣告失败。失望的法维克特和基普森打开了反应容器，眼前突然一亮：在反应容器表面沉积了一种白色、蜡状的物质。经过反复试验，他们终于明白，氧与乙烯反应生成了过氧化物，然后分解产生自由基，引发了聚合反应，从而产生了聚乙烯。两年后，英国帝国化学工业公司研究出工业生产聚乙烯的方法。从此以后，聚乙烯登上了工业化生产的舞台。

在聚乙烯的发展史上不得不提到齐格勒和纳塔。纳塔 1903 年 1 月 26 日出生于意大利的因佩里亚。1924 年毕业于米兰工业大学化工系，1927 年获工程博士学位，并留校任教。纳塔一直从事合成化学的研究，是最早应用 X 射线和电子衍射技术研究无机物、有机物、催化剂及聚合物结构者之一。他于 1954 年从事规化聚合的研究，成功地从廉价的丙烯中获得性能良好的，可用于塑料、纤维的等规聚丙烯。后来这一方法被成功地用到一般烯烃和双烯烃。他首先在乙烯—丙烯共聚合上使用的催化体系，被称做齐格勒—纳塔催化剂，用它可以制成种种立体规整结构的聚合物和共聚物。规化聚合是高分子科学发展过程中的一个里程碑，它标志着人类第一次可以在实验室内从烯烃、二烯烃及其他单体合成过去只有生物体内才能合成的高分子。纳塔和他的助手共发表了 1200 篇科学论文，取得约 500 项专利。

人类的朋友——从胶体到高分子

德国化学家齐格勒，1898 年 11 月 26 日出生在德国的赫尔塞，在马尔堡大学获博士学位。1943 年任威廉皇家学会（后称马克斯·普朗克学会）煤炭研究所所长，直至逝世，主要研究有机合成与聚合反应。1953 年，他成功地在常温常压下聚合成聚乙烯，并提出立体定向聚合概念（齐格勒—纳塔聚合），开创了定向聚合、高分子化学、配位催化作用研究新领域，奠定了现代塑料和人造橡胶工业的基础。齐格勒因对塑料领域内的高分子结构和合成方面的研究而与纳塔共同被授予 1963 年诺贝尔化学奖。

知 识 库

白色污染

所谓"白色污染"，是人们对难降解的塑料垃圾污染环境的一种形象称谓。它是指用聚苯乙烯、聚丙烯、聚氯乙烯等高分子化合物制成的各类生活塑料制品使用后被弃置成为固体废物，由于随意乱丢乱扔，难于降解处理，以致造成城市环境严重污染的现象。

小知识——塑料类回收标志

在可回收标志中，塑料类制品回收标志分类最为详细，由美国塑料行业相

1号：PET（聚乙烯对苯二甲酸酯）

3号：PVC（聚氯乙烯）

5号：PP（聚丙烯）

6号：PS（聚苯乙烯）

2号：HDPE（高密度聚乙烯）

4号：LDPE（低密度聚乙烯）

7号：其他类

◆可回收标志——塑料类制品回收标志

关机构制定，分为 01～07，是国际通用的塑料类回收标志。塑料类回收标志的形状为三角形，详细分类的数字位于三角形的中央。大家看看家中的塑料袋，是否印刷带有箭头的三角形回收标志。数字 01 表示聚乙烯对苯二甲酸酯（PET）；数字 02 表示高密度聚乙烯（HDPE）；数字 03 表示聚氯乙烯（PVC）；数字 04 表示低密度聚乙烯（LDPE）；数字 05 表示聚丙烯（PP）；数字 06 表示聚苯乙烯（PS）；数字 07 表示丙烯腈－苯乙烯树酯（AS）。

双烯合成

　　狄尔斯，德国有机化学家，对有机化学作出许多重大贡献。1876 年 1 月 23 日生于德国汉堡。1895 年考入柏林大学攻读化学专业，是著名化学家艾米尔·费歇尔的得意门生。1899 年获博士学位。1906 年任柏林大学化学教授。1916 年起，任基尔克里斯琴·奥尔布雷克特大学教授，兼化学研究所所长，1926 年任该校校长。

　　狄尔斯长期从事天然有机化合物，特别是甾族化合物的研究。1906 年开始研究胆甾醇的结构，从胆结石中分离出纯的胆固醇，并通过氧化作用将它转变成"狄尔斯酸"。1927 年他用硒在 300 摄氏度高温下使胆甾醇脱氢，得到一种称做"狄尔斯烃"（C18H16）的芳香族化合物。这对胆苷酸皂苷、甾醇、强心苷等结构的确定起了非常重要的作用。1928 年，他和助手阿尔德发明双烯合成，并明确地解释这个合成反应的过程。其原理为：

◆狄尔斯（左）和阿尔德（右）

人类的朋友——从胶体到高分子

如果具有两个共轭双键的分子（双烯）和具有一个双键的分子在结构上满足一定的要求时，两者即很容易发生反应而结合成一个含有 6 元环的产物。这个反应被称为"狄尔斯—阿尔德反应"，其应用范围非常广泛。

狄尔斯—阿尔德反应提供了制备萜烯类化合物合成方法，推动了萜烯化学的发展。二烯合成在实验室合成，并在工业操作中获得广泛应用，利用这一反应可制备许多工业产品，其中包括药剂、染料、润滑油、杀虫剂、干燥油、合成橡胶和塑料等。由于双烯合成，阿尔德与狄尔斯于 1950 年共获诺贝尔化学奖。

点 击

美国化学家伍德沃德第一个开创了狄尔斯—阿尔德反应在合成中的应用。从此以后，合成大师们用睿智的大脑把狄尔斯—阿尔德反应的应用发挥到了极致。

与化学家对话

充满奇迹的材料
——能导电的高分子材料

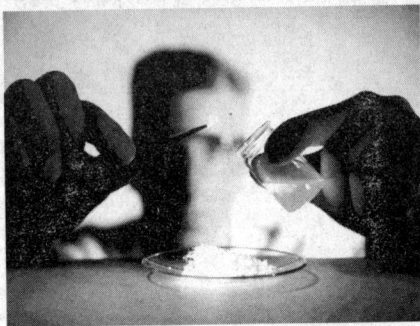

◆对于新材料的研发，科学家从未停止过脚步

与
化
学
家
对
话

2000 年 10 月 10 日，瑞典皇家科学院宣布，三位科学家因为对导电聚合物的发现和发展而获得本年度诺贝尔化学奖。他们是：美国加利福尼亚大学的艾伦·黑格、日本筑波大学的白川英树和美国宾夕法尼亚大学的艾伦·马克迪尔米德。这三位科学家在 20 世纪 70 年代末最先发现，经过某些方面的更改，塑料能够成为导体。在他们的努力下，导体塑料已经

发展成为一个重点研究的科学领域。这个领域已经孕育出影响深远的实际应用。

能够导电的塑料

◆你能分清楚哪些是导体和绝缘体吗？

人们一般都知道塑料与金属不同之处，通常情况下，塑料的导电能力是非常差的。在实际生活中，人们经常将塑料用作绝缘材料，普通电线外面包着的就是塑料绝缘层，中间是金属导线。但令人匪夷所思的是，获得 2000 年诺贝尔化学奖的科学家打破了这个传统认识。他们发现，在一定条件下，塑料能够成为导体。

人类的朋友——从胶体到高分子

塑料是一种聚合体，构成塑料的无数分子通常都排成长链并且有规律地重复着这种结构。那么塑料如何才能成为导体呢？要想让塑料能够传导电流，必须使碳原子之间交替地包含单键和双键黏合剂，而且还必须能够让电

◆艾伦·黑格（左），艾伦·马克迪尔米德（中），白川英树（右）

子被除去或者附着上来，也就是通常说的氧化或还原反应。这样，这些额外的电子才能沿着分子移动，塑料才有可能成为导体。

导体聚合体的研究水平和分子电子学的迅速发展有着密切的关系。我们有理由相信，将来科学家们能够研发出只包含单个分子的晶体管和其他电子元器件，这将在很大程度上提高计算机的运行速度，同时减小计算机的体积。到那时，手提电脑可能只有手表大小了。

下面我们简单介绍一下这三位科学家。艾伦·黑格，1936 年出生于美国。后担任加利福尼亚大学的固体聚合物和有机物研究所所长，是一名物理学教授。艾伦·马克迪尔米德，1927 年生于新西兰的马斯特顿。后担任美国宾夕法尼亚大学化学教授。日本人白川英树 1936 年生于东京。后担任日本筑波大学材料学院化学教授。他们三人分享了 900 万瑞典克朗（约合913700 美元）的奖金。这三位科学家关系非常好，他们之间的精诚合作已被传为佳话。20 世纪 70 年代，马克迪尔米德与白川英树在一次讨论会上偶然碰见，随后两个人开始了合作研究，并邀请黑格加盟。1977 年，三位科学家联合发表题为《导电聚合物的合成》的论文，被认为是该领域的一个重大突破。

与化学家对话

小知识

导体塑料可以应用在许多特殊环境中，摄影胶卷需要的抗静电物质、计算机显示器的防电磁辐射罩都会用到导体塑料。而近来研发的一些半导体聚合体甚至可以应用在发光二极管、太阳能电池以及移动电话和迷你电视的显示屏当中。

科技导航

21世纪新材料革命的主角

　　白川英树等人发现的导电性高分子材料为制造轻质薄型电池和手机显示屏开辟了广阔的前景，必将大大推动世界IT产业的发展。高分子电池应用于电动汽车，高分子导线应用于强大的电力网和通讯网，这一切将很快展现在人们的眼前。毫不夸张地说，导电高分子将是21世纪新材料革命的主力军。

广角镜——导电聚合物的发明

与化学家对话

◆导电聚合物已经进入了工业化生产领域

　　1977年美国科学家艾伦·马克迪尔米德在日本科学家白川英树的实验室做访问学者。白川英树的一位学生在做合成聚乙烯的实验时，将催化剂的量不小心提高了三个数量级，结果合成出来的聚乙烯不是通常情况的粉末状，而是具有金属光泽的薄膜状。艾伦·马克迪尔米德得知此事后，马上将自己苦苦思索的聚合物的导电性问题与这种薄膜联系起来。此后，他们将碘掺杂到这种薄膜中，使聚乙烯电学性能从10^{-9}提高到10^3，从而达到了金属态。随后，美国科学家黑格利用导电聚合物发明了一种很薄的、可以弯曲的电子器件发光二极管，迈出了导电聚合物实用化的第一步。

随心所欲的组合变换

——有机化合物

　　"有机化合物"这一历史性名词，可追溯至 19 世纪，当时科学界普遍认为有机化合物只能以有机生物合成。该理论被认为是有机物与无机物的根本区别，无机物是不会被有机生物合成的物质。人们对有机化合物的合成和应用的研究在近代才有较大的发展。实际上，有机化合物不一定都来自有机物，也可以用无机化合物为原料在实验室中人工合成。本篇收录了几十位获得诺贝尔化学奖的有机化学家的故事，他们的研究工作涉及天然有机化合物的分离、结构分析和合成等方面，其应用范围包括医药、香料、染料等化工领域。来吧，让我们一同体会他们在研究中遇到的艰辛，分享他们成功的喜悦吧。

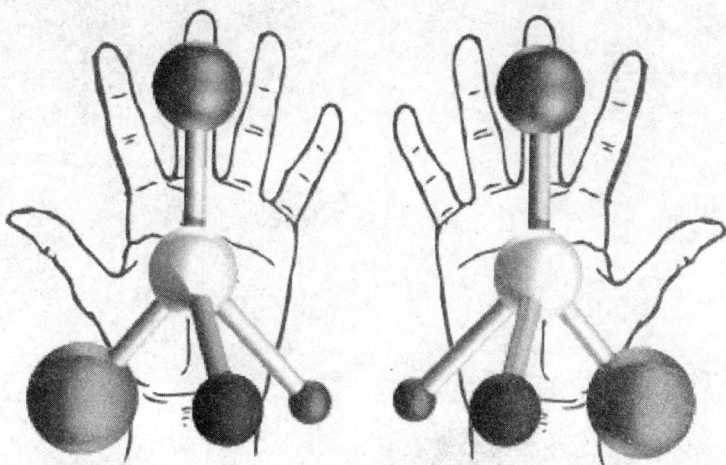

丰富多彩的糖——糖类合成及结构

糖类化合物是植物光合作用的产物，又被称为碳水化合物，是一类重要的天然有机化合物，对于维持动植物的生命起着重要的作用。19 世纪末至 20 世纪初，费歇尔首先对糖类化合物进行了系统的研究，确定了葡萄糖的结构。十六个己醛糖都可以通过合成得到，其中十二个是费歇尔以一己之力制得的，所以他被誉为"糖化学之父"。他也因此获得了 1902 年的诺贝尔化学奖。

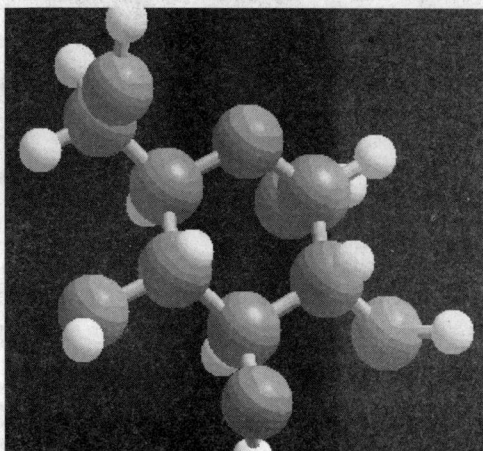

◆葡萄糖是能量重要来源

糖和嘌呤衍生物的合成

赫尔曼·埃米尔·费歇尔，1852 年 10 月 9 日生于德国科隆市附近的奥伊尔斯金亨镇。是德国著名的有机化学家。他的父亲是位非常有头脑的商人，除了经营葡萄酒、啤酒外，还是一些啤酒厂、毛纺厂、钢管厂、玻璃厂及矿山企业的董事。随着经营规模的扩大，他迫切需要化学方面的人才，对化学

◆费歇尔的纪念雕像

与化学家对话

◆赫尔曼·埃米尔·费歇尔

这门科学也更加崇拜。父亲的思想对费歇尔影响很大，他暗暗下定了决心，将来一定要成为一位化学家。费歇尔在以后的一系列成就，证明他没有辜负父亲对他的期望。他一心扑在化学这门科学里，取得了丰硕的成果：合成了苯肼；合成了多种糖类；在理论上搞清了葡萄糖的结构；总结和阐述了糖类普遍具有的立体异构现象；确定了茶碱、咖啡因、尿酸等物质都是嘌呤的衍生物，合成了嘌呤。他还开拓了对蛋白质的研究，确定了氨基酸通过肽键形成多肽，并成功合成了多肽。1902 年，费歇尔因对糖类和嘌呤的合成研究被授予诺贝尔化学奖。

由于废寝忘食地工作，费歇尔身体极度虚弱，身患多种疾病。他在临终前依然念念不忘化学的发展事业。他在遗嘱中吩咐从他的遗产中拿出 75 万马克捐献给科学院，作为科研基金提供给年轻化学家使用，鼓励他们为发展化学科学而努力。

科技文件夹

费歇尔对科学发展的贡献，归纳起来，主要有以下四个方面：一、对糖类的研究；二、对嘌呤类化合物的研究；三、对蛋白质，主要是氨基酸、多肽的研究；四、在化工生产和化学教育上的贡献。

广角镜——不幸的晚年

1914 年，第一次世界大战爆发，残酷的战争令费歇尔越来越悲观失望。战争不仅导致研究工作被迫中止，还失去了两个儿子。1916 年 11 月，第二个儿子

随心所欲的组合变换——有机化合物

瓦尔特·费歇尔因精神失常自杀身亡；第三个儿子军医阿尔弗雷德·费歇尔 1917 年 3 月在罗马尼亚前线死于斑疹伤寒。多年与苯肼的接触，费歇尔自己的健康也每况愈下。1918 年，第一次世界大战结束，他的研究工作才得以逐步恢复。然而，他的健康每况愈下。1919 年 7 月初，他被确诊为肠癌，手术和药物已无回天之力。不久，他怀着对化学研究事业的无限眷恋和深深的遗憾离开了人世。

◆费歇尔在柏林的纪念馆

有机物合成序幕
——靛蓝引领有机合成之路

◆绿色植物中含有叶绿素

植物为什么大多是绿色的？叶绿素的结构是怎样的？在诺贝尔化学奖历史上有两位科学家因对这一课题的深入研究而获奖。第一位是德国科学家理查德·威尔施泰特，他因对植物色素的研究，特别是在叶绿素化学结构研究中所作的创造性贡献而荣获 1915 年诺贝尔奖。第二位是德国科学家汉斯·费歇尔，他比较系统地研究了卟啉类化合物，其中包括叶绿素和铁血红素。后来经费歇尔修订的叶绿素分子结构一直沿用至今。1930 年，费歇尔因研究血液和植物叶子的色素并成功研制出人造血红素而获得诺贝尔奖。

研究生物化学的人

理查德·威尔施泰特，现代分子生物学的奠基者。1872 年 8 月 13 日生于德国卡尔斯鲁厄。1894 年，他在慕尼黑大学因研究古柯碱的结构而获得博士学位。随后在慕尼黑大学成为著名化学家拜耳教授的助手，继续从事生物碱结构的研究工作，并成功地合成了几种生物碱。1905 年，威尔施泰特任瑞士苏黎世大学化学教授，开始

◆德国科学家威尔施泰特

研究叶绿素等植物色素的化学结构。他通过 20 年的艰苦研究，阐明了在绿叶细胞中存在的叶绿素是镁的络合物，并因此获得了 1915 年诺贝尔化学奖。除植物色素外，他在古柯碱、莨菪碱和糖酶、脂肪酶、蛋白酶以及催化剂的研究中均有所建树。第一次世界大战期间，威尔施泰特的研究工作被迫中断，改向研制防毒面具。1924 年他辞去慕尼黑大学教授职务，以抗议对犹太人的迫害。1939 年，他到瑞士继续从事研究工作。他一生中共获得 5 个博士学位，还是许多国家科学院的名誉院士。1942 年 8 月 3 日在瑞士去世，享年 70 岁。

知 识 库

神奇的叶绿素

叶绿素是与光合作用有关的最重要的色素。光合作用是通过合成一些有机化合物将光能转变为化学能的过程。叶绿素实际上见于所有能产生光合作用的生物体，它从光中吸收能量，然后能量被用来将二氧化碳转变为碳水化合物。

小知识——人造血红素的发明

汉斯·费歇尔，德国生物化学家。1881 年 7 月 27 日出生于德国法兰克福。1899 年中学毕业后，他先后在瑞士洛桑大学和德国马尔堡大学同时修读化学和医学两个专业。1904 年，他获得马尔堡大学化学学位，并成为柏林大学埃米尔·费歇尔助手。其后在 1906 年和 1908 年分别获得医学执照和医学博士学位。1911 年，他回到慕尼黑，次年获得内科医学讲师资格。1913 年，成为慕尼黑心理学研究所的心理学讲师。1916 年，成为因斯布鲁克大学医学化学教授，1918 年转到维也纳大学。1921 年回慕尼黑，任慕尼黑工业大学有机化学教授，直到去世。

费歇尔的科研工作主要集中于研究血液

◆德国生物化学家汉斯·费歇尔

和胆汁中的色素、绿色植物中的叶绿素以及衍生出这些色素的吡咯。其中最重要的工作是胆红素与血红素的合成。他合成了超过 130 种卟啉，其中在 1929 年合成血红素。20 世纪三四十年代，他发表了 100 多篇有关叶绿素研究的论文，阐明了叶绿素的结构，重点论证叶绿素分子中含有二氢卟吩环系，且中心有 1 个与二氢卟吩环形成配位的镁原子。这些研究成果为后来人工合成叶绿素奠定了基础。费歇尔的研究得到了广泛认可，并因此获得多项荣誉。1930 年，由于对血红素和叶绿素结构的研究成果，以及血红素的合成，汉斯·费歇尔获得诺贝尔化学奖。

与化学家对话

科学地位的转变
——有机试剂大功劳

德国有机化学家贝耶尔毕生从事有机化学研究，尤其在有机染料、芳香剂、合成靛蓝和含砷物的研究方面，取得了卓越的成就。他最先研究分析了靛青、天蓝、绯红三种现代基本染素的性质与分子结构，创建了第一流的新型化学实验室，建立了著名的贝耶尔碳环种族理论。他研究和合成的各种染料与芳香剂，使全世界女性能打扮得更漂亮、更动人。色彩斑斓、如花似锦的纺织品世界和香气扑鼻的化妆品世界就是他的杰作。贝耶尔为美化人类生活作出了巨大贡献。

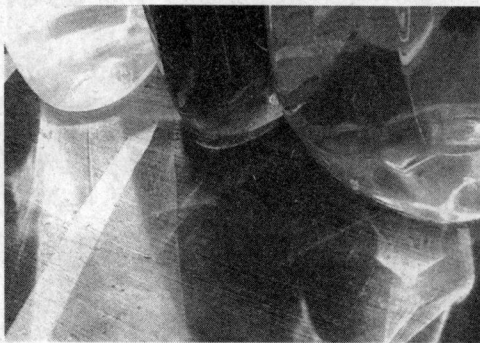

◆有机试剂让世界变得五彩缤纷

化妆品世界的缔造者

◆德国柏林大学是获得诺贝尔奖的大户

阿道夫·冯·贝耶尔，1835年10月31日生于柏林。其父原是普鲁士陆军中将，虽出身行伍，却很爱好科学。退伍后，50岁从师学习地质，76岁时出任柏林地质研究院院长。其母是名门闺秀，明理晓义。贝耶尔从小就受到良好的家庭教育。贝耶尔没有辜负父母的教育和期望。考入柏林大学后，他自 1856 年开始注重研究化学，并于 1858 年获得博士学位，年仅 23 岁。他的博士论文《有机化合物凝结作用综合研究》，为化学研究开辟了一条新途径。他谦虚好学，刻苦研究，发现了靛青、天蓝、绯红现代三大基本染素分子结构，成为染料史上第一个人工合成靛蓝并对其性质和结构进行研究的化学家。由于在合成靛蓝有机染料和芳香族化合物的研究领域作出的杰出贡献，他在 1905 年荣获诺贝尔化学奖。

◆德国有机化学家——阿道夫·冯·贝耶尔

与化学家对话

轶闻趣事——影响一生的礼物

贝耶尔 10 岁生日时，他原本期待会有一场为他准备的生日聚会，不料母亲却领他到外婆家去消磨一天，他感到很郁闷。在回家的路上，母亲语重心长地对他说："我生你时，你爸爸 41 岁，没什么文化知识。但他不甘心没有文化知识，现在跟你一样正在努力学习、明天还要参加考试。我不愿意因为给你过生日而耽误他的学习。妈妈

◆有机染料

现在只能尽心尽力，使我们的家庭生活的丰富多彩一些。等你长大了，可要使我们这个世界更加多姿多彩啊！"这番语重心长的话语，令贝耶尔努力学习、刻苦

钻研，长大后发现了靛青、天蓝、绯红现代三大基本染素分子结构。他在有机染料和芬芳剂方面所取得的卓越成就，实现了他母亲"使我们这个世界更加多姿多彩"的愿望。

研究酯环族化合物

奥托·瓦拉赫，德国有机化学家，人造香料和合成树脂的奠基人。1847年3月27日，出生在普鲁士一个有名的律师家庭。

1867年，瓦拉赫从波茨坦大学预科学校毕业，进入哥丁根大学攻读化学。1869年从事有机化学研究，并获博士学位。1870年在波恩大学任教，讲授药物学，1876年任教授。1889-1915年，瓦拉赫任哥丁根化工学院院长。他是一位实验技艺高超的化学家。他对药剂中难以分离和分析的挥发油进行了反复蒸馏，把这种复杂的混合物分离，并且对这些组分的性质进行了研究，鉴别了许多性质相近的化合物。并且发现了这类化合物的归属类别。1910年他因分析天然芳香油获得成功，而成为诺贝尔化学奖的得主。1931年2月26日在哥丁根去世，享年84岁。

◆脐橙含有高级醇、醛、酮、挥发性有机酸及萜烯类等散发出诱人的香气

◆瓦拉赫是德国有机化学家

与化学家对话

链接——瓦拉赫效应

奥托·瓦拉赫是诺贝尔化学奖获得者，他的成才过程极富传奇色彩。看了下面关于他的故事也许会对我们有一些启发。

开始父母希望他能走文学道路。不料一个学期下来，文学老师为他写下了这样的评语："瓦拉赫很努力，但过分拘泥。这样的人即使有着完美的品德，也绝不可能在文字上发挥出来。"此后，他改学油画。可瓦拉赫既不善于构图，又不会调色，对艺术的理解力也不强，成绩在班上是倒数第一。学校的评语更是难以令人接受："你是绘画艺术方面的不可造就之才。"面对如此"笨拙"的学生，绝大多数老师认为他已成才无望，只有化学老师认为他做事一丝不苟，具备做好化学实验应有的品格，建议他学习化学，父母接受了化学老师的建议。这下，瓦拉赫智慧的火花一下被点着了，文学艺术的"不可造就之才"一下子变成公认的化学方面的"前程远大的高才生"。

瓦拉赫的成功，说明这样一个道理：学生的能力发展都是不平衡的，都有能力的强点和弱点，他们一旦找到自己智能的最佳点，使智能潜力得到充分的发挥，便可取得惊人的成绩。这一现象被人们称为"瓦拉赫效应"。

与化学家对话

夹心面包——樟脑味的二茂铁

20 世纪 50 年代，伍德沃德和在哈佛大学工作的英国化学家杰夫里·威尔金森一起提出了二茂铁的新颖结构。二茂铁分子由有机分子和铁原子构成。此事被当做金属有机化学的开端。该学科已经发展成为一门具有重要工业价值的学科。威尔金森与恩斯特·奥托·费歇尔一起因为此项工作而获得了 1973 年的诺贝尔化学奖。

◆二茂铁是最重要的金属茂基配合物，也是最早被发现的夹心配合物

"夹心面包"的合成

◆恩斯特·奥托·费歇尔在慕尼黑工业大学（第二排，右二）

恩斯特·奥托·费歇尔，德国无机化学家。1918 年生于慕尼黑。曾在慕尼黑工业大学攻读化学和其他自然科学。1952 年获博士学位。1954 年在慕尼黑大学任助理教授。1959 年任教授。1964 年选入巴伐利亚科学院。

1951 年，费歇尔得知有人合成了一种令人费解的化合物——二茂铁。他仔细研究了二茂铁的结构。为了说

与化学家对话

◆二茂铁分子式

与化学家对话

◆杰夫里·威尔金森

明其稳定性和磁性，他提出了一种新的成键形式，即夹心结构，并用 X 射线晶体分析法证实了这一理论的准确性。1953 年，费歇尔的研究报告发表后引起了广泛的重视。同时，他还预测了二苯铬夹心化合物的存在，于 1954 年合成了二苯铬，并测定了它的结构。1964 年，他最先合成了卡宾的络合物，后来发展为过渡金属夹心化合物等新化合物系列，先后发表了 50 多篇研究报告。1973 年，费歇尔和威尔金森共获诺贝尔化学奖。除此之外，1957 年，他还获得格丁根科学院化学奖，1959 年获得德国化学家协会斯托克纪念奖。

杰夫里·威尔金森，英国无机化学家。1921 年 7 月 14 日生于英格兰。1939—1943 年，在伦敦帝国理工学院学习化学。1943—1946 年，服务于英国—加拿大原子能工程。曾先后在加利福尼亚州伯克利辐射实验室、麻省理工学院化学系、哈佛大学任职。1978 年起，任伦敦帝国理工学院无机化学教授。1965 年当选为英国皇家学会会员。

威尔金森主要从事有机金属化学的研究。1951 年发表了合成二茂铁的论文。后来通过化学方法和物理方法的综合研究，以及 X 射线结构分析，证明了二茂铁是一个具有夹心面包式结构的化合物，一个铁原子位于两个茂基之间，两个茂基的五碳平面环互相平行。此后又合成了二苯铬 Cr

$(C_6H_6)_2$，接着又制得 4 个碳的、7 个碳的以至 8 个碳的环烯烃与过渡金属离子形成的 π 夹心络合物。以二茂铁为代表的有机金属化合物的合成，进一步打破了划分无机和有机化学的旧界限，因而引起人们的广泛研究。威尔金森除与费歇尔共获 1973 年诺贝尔化学奖外，还曾获美国化学会无机化学奖、法国化学会拉瓦锡奖章等。

万 花 筒

一些历史学家认为伍德沃德应该分享此项奖。伍德沃德本人也有一样的看法，曾经给诺贝尔评奖委员会写信表达看法。

广角镜——诺贝尔奖制造工厂

慕尼黑工业大学坐落于德国南部巴伐利亚州首府慕尼黑，是该州唯一的工业大学，也是德国最古老的工业大学。慕尼黑工业大学是享有国际盛誉的德国顶尖大学，被誉为"稳定的诺贝尔奖制造工厂"。该校因其卓越的创新精神和优异的科教质量被德国科研联合会评为首批三所"精英大学"之一。由于大学所在地慕尼

◆慕尼黑工业大学

黑不仅是德国三大城市之一，更是德国南部经济文化中心，使得学生在实习和就业方面都具有很大优势。

与化学家对话

有机分子结构中的方向盘
——神奇的手性分子

与化学家对话

2001年度诺贝尔化学奖授予美国科学家威廉·诺尔斯、日本科学家野依良治和美国科学家巴里·夏普雷斯，以表彰他们在不对称合成方面所取得的成绩。三位获奖者的科研成就，已经在医药领域造福于人类。例如，延缓帕金森氏综合征病情恶化的复方左旋多巴，以及现在被成百上千万心脏病患者服用的 β 阻断剂。而以上的应用，只是它的"冰山一角"。

◆手性分子的应用前景一片光明

什么是手性物质？

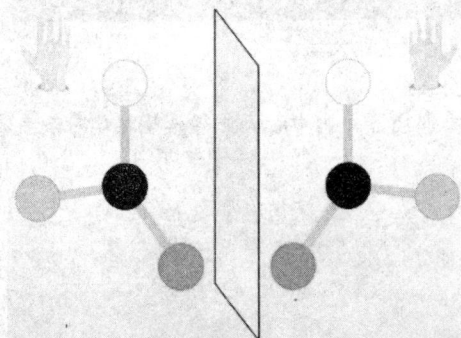

◆手性分子如同人的左右手

自然界有许多分子，它们基本上是以镜像形式成对出现的。也就是说，它们之间的结构关系，就如同人照镜子一样。从分子角度来看，手性分子的存在是自然界的普遍现象。例如，大多数生命分子就属于手性分子，最普通的氨基酸——丙氨酸就有两种存在形式即（S）－丙氨酸和

随心所欲的组合变换——有机化合物

(R) 一丙氨酸。无论我们如何旋转也无法能使它们完全重叠，因为与中心碳原子相连的 4 个基团（H，CH₃，N，COOH）在空间排列的次序不同，造成它们具有不同的空间结构。

（S）-丙氨酸   镜面   （R）-丙氨酸

◆丙氨酸结构示意图

我们也可以把它们比做人的左手和右手：基本组成部分是一样的：五个手指头，一只手掌。但是它们的构造却截然相反。其差别在戴上手套的时候可以非常明显地表现出来：左手只能戴左手套合适，右手只能戴右手套才合适。因此，科学家把这种特性称为手性。

但截至目前，科学家还无法解释为什么在自然状态下，往往是一种手性分子占据主导地位，而另一种手性分子却被忽略。比如在植物、动物和人身上存在的酶和蛋白质，就存在这种情况。

因此，在人体细胞中，只有一个手性分子和人体完美结合。相反，另一个手性分子可能会对人体构成危害。许多合成药物也有手性，其中一部分有治疗作用，另一部分没有药效，甚至会有副作用。

小知识

手性分子所具有的两种形态，在毒性等方面往往存在很大差别。比如，在人体细胞中，手性分子的一种形态可能对人体合适有用，但另一种却可能有害。

链接——手性分子的"味道"

苧烯也叫苧、柠檬烯、苊烯，是一种环状单萜烯，广泛存在于各种香精油，特别是柠檬油、苧蒿油、佛手柑油、橙子油、莳萝油中。苧烯分子中含有一个手性中心，有右旋苧烯和左旋苧烯两种异构体。常温下这两种异构体都为无色有强烈宜人香味的易燃液体，右旋苧烯闻起来有橘子味道，而左旋苧烯则有柠檬味

与化学家对话

道。肉眼是很难分辨出这两种异物体的。但是，我们的鼻子对此却很敏感，能够确定出柠檬味和橘子味。

（R）-柠檬烯　　镜面　　（S）-柠檬烯

◆柠檬烯结构示意图

手性催化氢化反应

在欧洲曾发生妊娠妇女服用没有经过拆分的消旋体药物作为镇痛药或止咳药，导致大量胚胎畸形的"反应停"惨剧，这使人们认识到将消旋体药物拆分的重要性。2001年的化学奖得主通过使用一种对映体试剂或催化剂，把分子中没有作用的那部分剔除，只利用有效用的部分，就像分开人的左手和右手一样，分开左旋体和右旋体，再把有效的对映体作为新的药物，这称做不对称合成。下面让我们一同来走进他们的发现之旅。

首先我们要提到的是美国科学家诺尔斯。他在1968年发现一种新的催化剂。一般来讲，在每一个化学反应中，催化剂是起导火索的作用，没有它的话，有些化工生产根本就无法进行。诺尔斯发现的新催化剂与一般的

◆2001年诺贝尔化学奖获得者威廉·诺尔斯（左）、野依良治（中）和巴里·夏普莱斯（右）

催化剂不同，它有偏重性，在反应罐里偏重一种手性分子的合成，也就是生物需要的那一种。科学地讲，诺尔斯的催化剂，是加快氢化反应的，也就是在反应过程中，氢原子被结合到原始分子上。一开始的催化结果，还不是非常理想。在合成物中，所希望的手性分子，只比另一种多出 15%。但是很快，这个比例便达到 100%。诺尔斯的决定性新发现，使得人们能够有选择地生产正确的手性分子。这样一来，人们便

◆复方左旋多巴是治疗帕金森综合征的良药

找到了生产复方左旋多巴的途径。这种药至今仍是医治帕金森氏综合征最有效的药物。

对上述催化剂进一步优化的是日本名古屋大学材料科学研究中心主任野依良治。他让该催化剂在反应中的效率达到一比一百万。也就是说，合成一吨手性产物只需要一克催化剂。这一重大发现，大大降低了氢化反应手性催化剂的成本，扩大了其应用范围。

1980 年，美国科学家夏普雷斯开发出用于氧化反应的手性催化剂。阻断剂、合成香料以及杀虫剂等，就是由于他开发的氧化催化剂的作用而得以问世的。

基于以上三位科学家在手性催化氢化反应的杰出贡献和成就，2001年，他们被授予诺贝尔化学奖。

科技文件夹

这三位获奖者为合成具有新特性的分子和物质开创了一个全新的研究领域。现在，像抗生素、消炎药和心脏病药物等许多药物，都是利用他们的研究成果制造出来的。

广角镜——酞胺哌啶酮事件

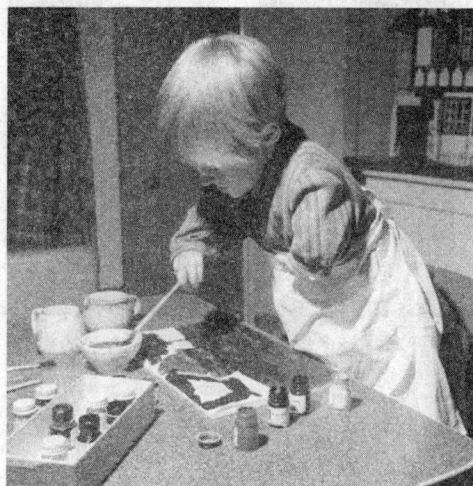

◆酞胺哌啶酮的受害者

手性分子两种镜像形态之间的差别甚至关系人的生与死。如20世纪60年代，就曾因此造成过酞胺哌啶酮（一种孕妇曾使用的镇定剂）灾难，导致1万多名婴儿出现生理缺陷。

酞胺哌啶酮是由美国一位药学家发明的，当时进入美国市场后临床效果非常好，很快成为一种被广泛接受和使用的药品。但在欧洲却截然不同，孕妇服用酞胺哌啶酮后，造成无数婴儿在出生前就已畸形，服用酞胺哌啶酮在欧洲突然变成了噩梦。原因是酞胺哌啶酮的分子结构有不同种类，其中只有一种有药用活性。这个活性分子有一个旋光异构，不仅没有药用活性，还会导致胎儿在发育时畸形。因为当时欧洲药学家对酞胺哌啶酮的旋光异构无知，导致其进入市场后造成不可挽回的医学灾难。

变形金刚——有机分子构象大转变

◆德里克·巴顿爵士（左）和奥德·哈塞尔（右）

英国化学家德里克·巴顿和挪威化学家奥德·哈塞尔提出了"构象分析"的原理和方法，并把它应用在有机化学研究中，专门研究分子特性与分子中原子的复杂空间三维结构之间的关系。1969 年诺贝尔化学奖授予了他们，以表彰他们对发展立体化学理论所作出的贡献。

奥德·哈塞尔和构象分析

奥德·哈塞尔，1897 年 5 月 17 日生于挪威奥斯陆。1915 年进入奥斯陆大学学习化学、数学和物理。1921 年进入德国慕尼黑大学学习。1922 年进入柏林大学攻读物理和化学，1924 年获博士学位。1925 年任奥斯陆大学讲师，1926 年升为物理化学和电化学副教授，1934 年

◆哈塞尔在研究所

升为物理化学教授兼物理化学系主任。1947 年被选为挪威化学学会主席。

1930 年，哈塞尔开始研究环己烷及其衍生物的结构，发现有两种形式的环己烷。他利用 X 光衍射等方法发现了同一有机物有椅式、船式等不同

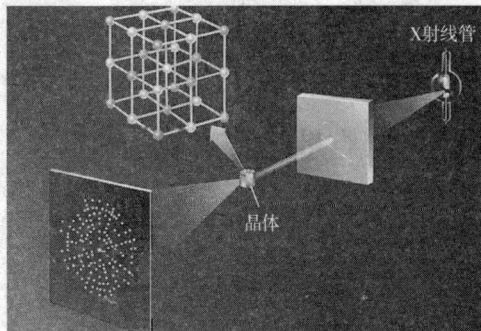

◆X 射线在晶体中的衍射

结构，提出了"构象分析"的原理和方法，这对立体化学的贡献极大。由于第二次世界大战爆发，挪威沦陷，他也惨遭纳粹迫害。直到第二次世界大战结束后，他才将这项重大成果陆续整理发表。20 世纪 50 年代中期，哈塞尔主要从事有机卤化物的结构研究。1964 年，哈塞尔作为奥斯陆大学物理化学系主任退休，但仍然从事研究工作。由于在现代有机化学结构理论和立体化学方面作出的突出贡献，哈塞尔与英国德里克·巴顿共同获得 1969 年诺贝尔化学奖。

哈塞尔证实了构像分析方法的正确性，并将其应用于预测化合物的反应。他还用气相的电子衍射技术进行测定简单有机化合物分子的三维结构。后来，他通过测定环己烷、十氢萘及其衍生物的空间结构形态，发现它们大多是由几种不同构像异构体以混合形式存在，纠正了认为十氢萘分子是顺式结构的错误概念，发展了有机化学关于结构的概念。

他在 X 射线结晶学和传荷络合物研究方面也取得了很大成就。1953 年，他开始转向有机卤素化合物和其他晶体结构方面的研究工作，并对由稳定分子间弱键作用生成的络合物进行深入研究。

人 物 志

集万千荣誉于一身

哈塞尔是挪威化学学会、英国化学学会、挪威皇家科学院、丹麦皇家科学院、瑞典皇家科学院、美国化学学会等许多著名学术团体的名誉成员。他还获得奥斯陆大学、哥本哈根大学、斯德哥尔摩大学等知名大学授予的名誉博士学位。

名人介绍——有机化学巨匠：巴顿爵士

德里克·巴顿爵士可以说是 20 世纪有机化学巨匠。在有机化学领域作出了巨大贡献。

巴顿，1918 年 9 月 8 日生于英国的一个木匠家庭。1940 年毕业于伦敦帝国理工学院。1957 年后在伦敦帝国理工学院任有机化学教授。1978 年成为伦敦大学荣誉教授。

20 世纪 60 年代后，他在合成甾醇类激素方面又取得重要成就，发明了著名的合成醛甾酮的一种简便方法，后被称为"巴顿式反应"。此外，他还发表了一系列有关合成青霉素和各种四环素类抗生素的重要文章。他因测定一些有机物的三维构象所作的贡献而与奥德·哈塞尔共同获得 1969 年诺贝尔化学奖。

◆德里克·巴顿爵士

与化学家对话

意外中的惊喜——冠醚的发现史

1987 年诺贝尔化学奖授予美国化学家彼德森教授、克拉姆教授和法国化学家莱恩教授，以表彰他们先后发现了一类具有特殊结构和性质的环状化合物。这一开拓性成就预示着一门将为化学领域带来革命性变化的新学科的诞生。莱恩

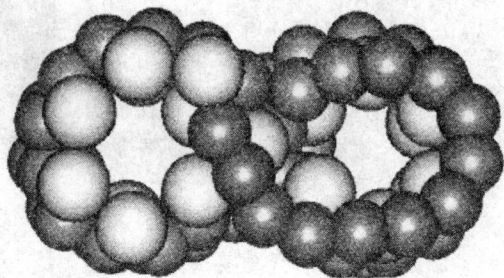

◆环状化合物

在获奖发言中，首次提出了"超分子化学"的概念。至此，以"超分子化学"为名称的新兴学科显露出勃勃生机，引起了全世界化学家的关注。

有机化合物方面的大师

◆让·马里·莱恩

让·马里·莱恩，法国科学家，合成了具有特殊性能的低分子量的有机化合物，在分子的研究和应用方面作出了卓越的贡献。

1939 年 9 月 30 日莱恩出生在法国阿尔萨斯的一个小城——罗塞姆。"二战"结束之后，莱恩开始接受正规的学校教育。1963 年，莱恩从法国斯特拉斯堡大学获得博士学位后，幸运地进入哈佛大学进行博士后的研究工作。1968 年，年仅 29 岁的莱恩与合作者发现了穴醚化合物对金属离子发生络合作用的特异行为，这也开启了他的

"超分子化学"之路。从此，莱恩在合成具有类似天然受体功能的有机化合物方面不断开拓，并于1978年提出了"超分子化学"的概念，如今这已经是化学学科的一个重要新兴分支。

查尔斯·约翰·彼德森，美国化学家，合成了具有特殊性能的低分子量的有机化合物，在分子的研究和应用方面作出了突出贡献。

彼德森，1904年10月3日生于朝鲜釜山。17岁到美国学习化学工程，毕业取得学士学位。1927年在麻省理工学院获得有机化学硕士学位，之后在美国杜邦公司担任化学研究员，直到1969年退休。

彼德森是一位工业化学家，主要从事有机化学方面的研究，其中包括：汽油抗震剂、碳氢化合物的催化剂、氧化剂、抗氧剂、多配位络合剂、有机氧化反应以及各种有机化合物的光化学研究。他曾发表20多篇论文并拥有65项发明。1967年，他在日本东京第七届国际配位化学学术会议上首次公布了现今称为"经典著作"的研究报告。

◆查尔斯·约翰·彼德森

◆唐纳德·克拉姆

系统地阐述了60多种新型环状聚醚化合物的合成方法，并将环状聚醚定为冠醚。同时深入地研究了冠醚化合物对碱金属和碱土金属离子的

与化学家对话

络合作用。彼德森的深入研究，为冠醚化学发展成为一个新兴的化学分支领域奠定了坚实的基础。

唐纳德·克拉姆，美国科学家，合成了具有特殊性能的低分子量的有机化合物，在分子的研究和应用方面作出了巨大贡献。

1918年，克拉姆生于美国佛蒙特州。1942年毕业于内布拉斯加大学，1947年，在哈佛大学获得博士学位。从1956年起任洛杉矶加利福尼亚大学教授。

克拉姆在冠状化合物分子识别的基础上发展了立体化学。其主要成就在于识别分子的形状，如对冠醚进行适当修饰，则可制成光学活性物质。克拉姆索开拓的方法不只是分离分子，利用在冠醚中加适当官能团化合物，可区别立体选择性，即分子形状，进行化学反应。2001年，克拉姆因癌症在加利福尼亚州病逝。

与化学家对话

小知识——新兴的超分子化学

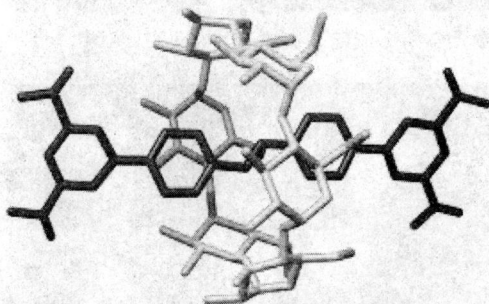

◆轮烷

超分子化学是一门新兴学科。它的发展不仅与大环化学（冠醚、穴醚、环芳烃、环糊精、C_{60}等）的发展密切相连，而且与分子自组装（双分子膜、DNA、胶束双螺旋等）、分子器件和新兴有机材料的研究息息相关。截至目前，尽管超分子化学还没有一个完整、精确的定义和范畴，但它的诞生和成长却充满勃勃生机。

其实，超分子化学并非高深莫测，有许多超分子结构似乎都可见我们的日常生活。例如，可以把轮烷比为东方的算盘；索烃舞池中的一对舞伴；C_{60}类似于圆拱建筑；环糊精和激光唱盘（CD）有同样的简称和信息存放功能；DNA双螺旋则与家喻户晓的麻花多少有点相似。

足球碳分子——富勒烯

1996 年 10 月 7 日，瑞典皇家科学院将诺贝尔化学奖授予美国莱斯大学的理查德·斯莫利与罗伯特·柯尔以及英国萨塞克斯大学教授哈罗德·克罗托，以表彰他们发现 C_{60}。C_{60} 跟金刚石和石墨一样，是碳的一种同素异形体。石墨的结构中只有六元环，而 C_{60} 的结构中存在五元环。从外观上看就像一个圆圆的足球。下面，让我们一同走近充满神奇特性的 C_{60} 吧。

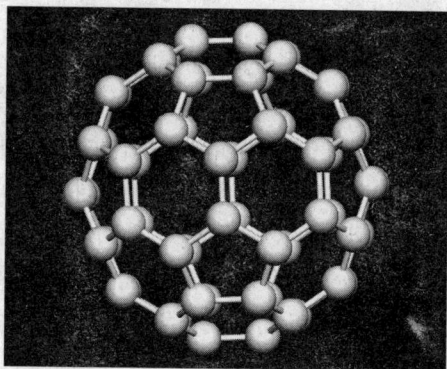

◆C_{60}模型

富勒烯的发现

1960 年以来，就有人猜测过中空形碳素分子存在的可能性，但是一直没有被发现。

1980 年英国萨塞克斯大学的微波光谱学家哈罗德·克罗托教授通过研究星际云团和红巨星气团，发现它们的光谱中含有长链聚乙炔的信息，同时，通过美国莱斯大学的罗伯特·柯尔与该校的理查德·斯莫利共同合作，利用斯莫利所创

◆哈罗德·克罗托

制的激光气化超声束流仪进行了相应的探索性研究。

1985 年，克罗托等以联合装置中的质谱仪进行分析，首次发现了质谱中存在着一批相应于偶数碳原子的分子的峰，发现了 C_{60} 并指出

获得诺贝尔化学奖后，理查德·斯莫利成为纳米技术领域的坚定支持者，期待以纳米技术的发展来解决类似能源短缺等全球性问题。

C_{60} 可能由 60 个顶角和适当的正五边形和六边形组成。后来斯莫利根据猜想做出了一个 C_{60} 模型。克罗托因为这一发现和斯莫利、柯尔三人共获 1996 年诺贝尔化学奖。"富勒烯"，其名称源于美国建筑师巴克敏斯特·富勒，因为 C_{60} 的原子结构与他设计的多面体穹顶相似。发现 C_{60} 的科学家是受到巴克敏斯特·富勒建筑结构的启发，因而将其命名为"富勒烯"。

与化学家对话

讲解——富勒烯有多少个面？

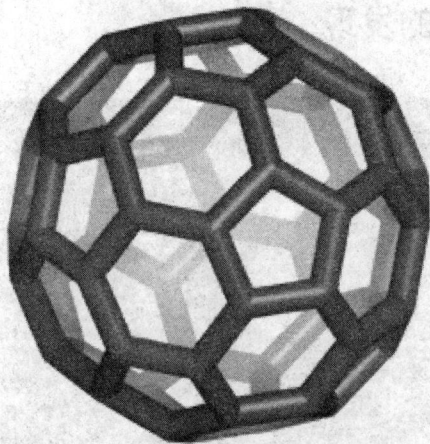

◆富勒烯不全是由六元环组成的，其中也有五元环

富勒烯是一系列纯碳组成的原子簇的总称。它们是由非平面的五元环、六元环等构成的封闭式空心球形或椭球形结构的共轭烯。现已分离得到其中的几种，如 C_{60} 和 C_{70} 等。在若干可能的富勒烯结构中 C_{60}，C_{240}，C_{540} 的直径比为 1∶2∶3。C_{60} 的分子结构的确为球形 32 面体，它是由 60 个碳原子以 20 个六元环和 12 个五元环连接而成的具有 30 个碳碳双键（C＝C）的足球状空心对称分子，所以，富勒烯也被称为足球烯。

随心所欲的组合变换——有机化合物

C$_{60}$和它的发明者

◆获得1996年诺贝尔化学奖的三位科学家：柯尔（左）、克罗托（中）和斯莫利（右）

罗伯特·柯尔，美国有机化学家。1933年出生于美国得克萨斯州。1954年在莱斯大学获得学士学位。1957年在加利福尼亚大学伯克利分校获得博士学位。自1958年以来，一直在莱斯大学工作，1992年至1996年为该校化学系主任。柯尔教授一直从事微波及红外光谱的研究。从被发现后短短的十多年来，C$_{60}$已经广泛

◆根据C$_{60}$的启发而设计成的第67届蒙特利尔世界博览会美国馆的建筑

地影响到物理学、化学、材料学、电子学、生物学、医药科学各个领域，极大地丰富和提高了科学理论，同时也显示出广阔的应用前景。

哈罗德·克罗托，英国有机化学家。1939年出生在英国剑桥郡。1964年在英国谢菲尔德大学获得博士学位。1967年以来一直在萨塞克斯大学工作。1985年成为化学教授。1991年成为皇家研究会教授。在攻读博士学位期间，从事瞬间光解所产生自由基的高分辨电子光谱研究。在贝尔实验室利用拉曼光谱研究液态中间体，同时也进行有关量子化学的研究。此后

与化学家对话

在萨塞克斯大学主要从事不稳定物质的研究。

理查德·斯莫利，美国有机化学家。1943 年出生在美国俄亥俄州。1965 年在密执安大学获得学士学位。1973 年在普林斯顿大学获得博士学位。1976 年开始在莱斯大学工作，1981 年成为莱斯大学化学教授，1990 年成为该校物理学教授。他是该校量子研究所的创建者之一，并于 1986 年至 1996 年成为该研究所的主任，现为莱斯大学纳米科学和技术中心主任。

科技导航

最小碳纳米管结构

浙江大学和美国加利福尼亚大学的科研人员在 2010 年初成功合成出世界上最小碳纳米管结构的富勒烯——C_{90}。合成的 C_{90} 富勒烯具有纳米管结构，直径为 0.7 纳米，长度为 1.1 纳米，呈球形或椭球形，被誉为世上首个能在空气中稳定存在、直径最细、长度最短、结构完美的封闭形状的最小碳纳米管。

与化学家对话

分子之舞——烯烃的复分解

碳是地球生命的核心元素之一。碳原子能以不同方式与多种原子连接，形成小到几个原子、大到上百万个原子的分子。这种特性奠定了生命的物质基础。它也是与人类生活密切相关的学科——有机化学的核心。原子之间的联系称为键。一个碳原子可以通过单键、双键或三键方式与其他原子连接。有着碳—碳双键的链状有机分子称为烯烃。在烯烃分子里，两个碳原子就像双人舞的舞伴一样，拉着双手在跳舞。2005年诺贝尔化学奖的三位得主的获奖原因就是因为他们弄清了"如何指挥烯烃分子交换舞伴，将分子部件重新组合成别的物质"。

◆在烯烃分子里，两个碳原子就像双人舞的舞伴一样，拉着双手在跳舞

换舞伴的舞蹈

20世纪50年代，人们首次发现，在金属化合物的催化作用下，烯烃里的碳—碳双键会被拆散、重组，形成新分子，这种过程被命名为烯烃复分解反应。但当时没有人

◆法国科学家——伊夫·肖万

知道这类金属催化剂的分子结构，也不知道它是如何起作用的。

1970 年，法国科学家肖万发表了一篇重要论文，阐明了烯烃复分解反应的反应机制，并且列举了促进这种反应的催化剂的物质成分。直到 1990 年，肖万的理论才第一次被美国化学家理查德·施罗克应用于实践并制造出高效的催化剂。1992 年，美国科学家罗伯特·格拉布又发展了施罗克的成果，制造出在空气中更稳定的催化剂。这些成果为合成有机分子开辟了全新的途径。

他们发现的复分解方法被广泛应用于化工行业，主要用于研发先进的塑料材料和药品。这种方法的发现，将为化学工业制造出更多新的化学分子提供了千载难逢的机会。换位合成法再次证明，基础科学对于造福人类、社会和环境的重要性。

与化学家对话

万花筒

伊夫·肖万

伊夫·肖万出生于 1930 年。法国石油研究所教授。他将毕生的精力都投入在法国石油研究所的工作中，在那里，他设计并完成了 4 项大型的、在国际市场上获得巨大成功的工业方法。

小知识——奇妙的双人舞

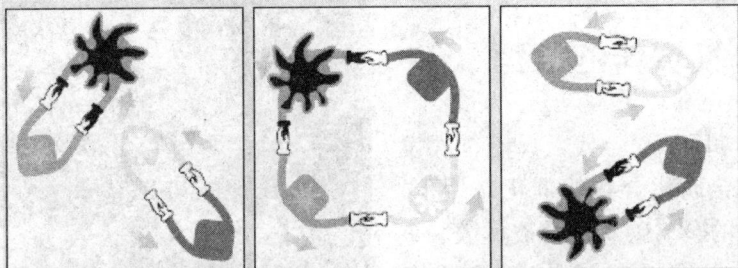

◆烯烃复分解反应原理示意图

烯烃复分解反应中的催化剂应当是金属卡宾络合物，这种能催化剂帮助烯烃分子"交换舞伴"。金属卡宾络合物是指一类有机分子，其中有一个碳原子与一个金属原子以双键连接，也可以被看做一对拉着双手的舞伴。在与烯烃分子相遇后，两对舞伴会暂时组合起来，手拉手跳起四人舞蹈。随后它们"交换舞伴"，组合成两个新分子，其中一个是新的烯烃分子，另一个是金属原子和它的"新舞伴"。后者会继续寻找下一个烯烃分子，再次"交换舞伴"。

换舞伴的舞蹈渐入佳境

"交换舞伴"这一理论提出后，越来越多的科学家意识到烯烃复分解在有机合成方面有着广阔的应用前景，但同时它对催化剂的要求也很高。到底含有哪种金属元素的卡宾化合物作催化剂最合适呢？在研发实用的催化剂方面，作出最大成就的是美国科学家理查德·施罗克和罗伯特·格拉布。

◆美国化学家——理查德·施罗克

理查德·施罗克生于印第安纳州伯尔尼，在加利福尼亚州圣迭戈上的高中。1967 年在河滨市的加利福尼亚大学获得学士学位，1971 年在哈佛大学获得博士学位。1971 年到 1972 年，施罗克在哥伦比亚大学进行博士后学习。1975 年，施罗克在麻省理工学院任教，1980 年成为正式教授。1989 年起，一直是麻省理工学院的化学教授。

1990 年，施罗克和他的合作者报告，金属钼的卡宾化合物可以作

◆美国化学家——罗伯特·格拉布

为非常有效的烯烃复分解催化剂。这是第一种实用的此类催化剂，该成果

显示烯烃复分解可以取代许多传统的有机合成方法，并用于合成新型有机分子。

1992 年，美国化学家格拉布等人发现了金属钌的卡宾化合物也能作为催化剂。此后，格拉布又对钌催化剂作了改进，这种"格拉布催化剂"成为第一种被普遍使用的烯烃复分解催化剂，并成为检验新型催化剂性能的标准。

万 花 筒

由于在烯烃复分解反应上的贡献，施罗克与罗伯特·格拉布、伊夫·肖万共同获得 2005 年诺贝尔化学奖。以这些发现为基础，学术界和工业界掀起了研究烯烃复分解反应、设计合成新型有机物质的热潮。

与化学家对话

展望——新的化学分子的制造

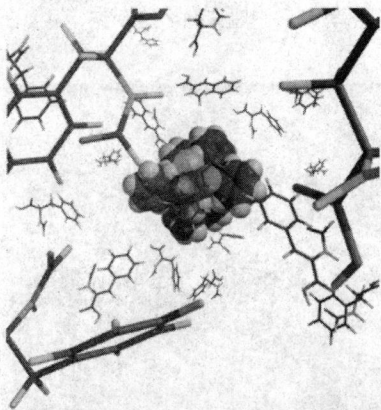

◆复分解催化剂已经发展成为非常强大和灵活的工具

在上述三名科学家的共同努力下，换位合成法现在变得更加有效，反应步骤也比以前简化了，所需要的资源也大大减少，材料浪费也少多了，使用起来也更加简便，只需要在正常温度和压力下就可以完成，对环境的污染也大大降低。换位合成法使人们向着"绿色化学"又迈进了一大步，大大减少了有害废物对人类的危害。可以说换位合成法在化学工业中每天都在应用。一些科学家正在用这种方法开发针对癌症、艾滋病和早老性痴呆症等疾病的新药。

生命体奥秘

——生物化学

　　生命，无论人类、水中的游鱼和天上的飞鸟等，都是由物质构成的。生物的生命力来自于其生存环境的元素家族，有"声名显赫"的碳（C）、氢（H）、氧（O）、氮（N）等元素，它们是生命存在和发展必不可少的。当然，这些元素并不是像积木玩具一样简单堆砌混合就形成了你、我、他、它。

　　在无尽的探索中，人类渐渐在幻化无穷的生命中认清了它们的形体，辨出了它们扮演的角色。生命，从化学物质的角度，也在人类的智慧面前掀开了它神秘的面纱……

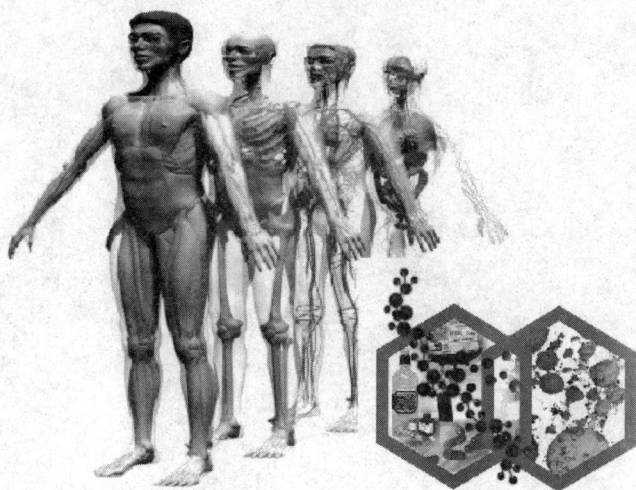

无处不在的能量
——生物体中的能量传递

一切生物都需要能量来维持生命活动，人类也是如此。人类摄取食物中的能量用于维持所有生命活动，从事劳动和社会活动。人体以能量做功，同时释放热量以维持体温。人体每天摄入的能量与消耗的能量基本一致才能达到一种能量的平衡，才能保持良好的健康状况。如果人体摄入的能量不足，机体会动用自身的能量储备甚至消耗自身组织以满足生命活动能量的需要。

◆食物是如何转换为能量的？

科学怪人米切尔

米切尔，英国化学家。在运用膜转化活性方面取得重要成果，列出了解释活细胞线粒体产生能量的机理的化学渗透理论公式，并因此获得了 1978 年诺贝尔化学奖。

米切尔，1920 年 9 月 29 日生于英国萨里郡。1950 年在剑桥大学获得博士学位。1955—1963 年，任爱丁堡大学化学和生物学教研室主任。1964 年，任格林研究所研究室主任。

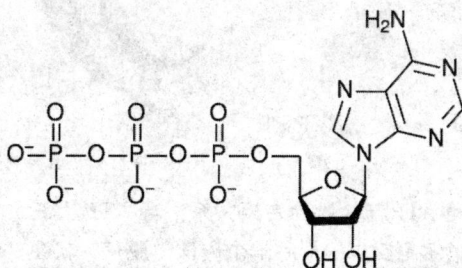

◆ATP 化学结构图

◆彼得·丹尼斯·米切尔

与化学家对话

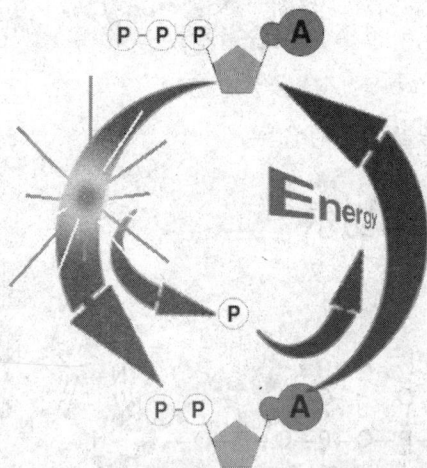

◆ATP与能量的转换关系：当 ATP 上三个磷酸键中的最后一个磷酸"脱落"就会释放出能量，相反通过吸收能量钠泵逆转，就能生成新的磷酸化合物而形成 ATP

米切尔的成功之路颇具传奇色彩。米切尔从小体弱多病，是个性格内向、沉默寡言的孩子。大学毕业后，由于身体状况不好，只好留在学校工作，在微生物教研室找了一份为学生上实验课做准备的工作，也就是现在的实验员岗位。

米切尔一直思考着体内能量的生成机制。他没有做实验，只是反复思索：人类摄入的米和面包等食物进入体内逐渐产生了一些化学变化，最后变成水和二氧化碳排出体外。在这个变化过程中热释放的能量，其大部分都贮藏在三磷酸腺苷（ATP）中，这种磷酸化合物又是怎样生成的呢？

一天，他像平时一样，走到研究室顶棚上木制吊扇的下面，呆呆地想着问题。他突然来了灵感：细胞膜上的钠泵利用 ATP 这种磷酸化合物的能量，将细胞内的钠离子转移到细胞外。如果水中的氢离子代替钠离子通过钠泵从细胞外进入细胞内的话，会出现什么情况呢？大概钠泵会往反方向转吧。钠泵如果往反方向转，不就会产生能量，形成 ATP 了吗？

食物的营养成分被一路分解下去，最后与氧结合，变成水和二氧化碳。水成分中的氢离子被转移到

膜外，当它再次转移到膜内的时候，就会使钠泵逆转，同时生成磷酸化合物，也就是体内的能量物质——ATP。后来，他用实验证明这个想法是正确的。当时，日本的科学家从细胞膜上成功地提取了合成 ATP 的酶。这种酶突起在细胞膜表面，当氢离子通过时，它促成 ATP 的合成。他们进一步证实了米切尔的理论。

万花筒

消耗电能，转动电风扇，使空气流动，产生风。另一方面，风又可以带动风车，风车又产生电能，电风扇和风车的关系与米切尔的设想是一样的道理。

讲解——ATP：人体的能量"货币"

能量的来源主要是通过食物摄入。食物消化后，营养成分进入细胞转化为各类有机物。细胞再通过呼吸作用将贮藏在有机物中的能量释放出来。除了一部分转化为热能外，其余的贮存在 ATP 中。通常我们可以将各类有机物比喻成"大额钞票"，将 ATP 比喻成"小额零钞"。如果我们总是拿大额钞票进行交易会很麻烦，比如我们不必在购买几元钱的物品时拿出百元大钞，这时，把大额钞票换成零钱进行交易更方便。细胞利用能量也是如此。在细胞中的"大额钞票"相当于储存能量的有机物大分子，ATP 分子就是那个可以在细胞内流通的"小额零钞"。这样，能量释放会更快捷。

◆ATP 相当于小额零钞

与化学家对话

驱动生命之轮

1997 年诺贝尔化学奖授予保罗·波耶尔（美国）、约翰·沃克（英国）、因斯·斯科（丹麦）三位科学家，表彰他们在生命的能量货币——ATP 研究上的突破。保罗·波耶尔与约翰·沃克阐明了 ATP 合成酶是怎样制造 ATP 的。在叶绿体膜、线粒体膜以及细菌的质膜中都可发现 ATP 合成酶。膜两侧氢离子浓度差驱动 ATP 合成酶合成 ATP。丹麦化学家斯科也因单独研究同一课题，并在酶研究中作出开创性贡献，而分享此殊荣。

◆保罗·波耶尔（左）、约翰·沃克（中）、因斯·斯科（右），1997 年，为表彰他们在生命的能量货币——ATP 研究上的突破，而授予他们诺贝尔化学奖

与化学家对话

YU HUAXUEJIA
DUIHUA

复杂中的有序
——蛋白质的成分和合成

蛋白质是生物体细胞的重要组成部分，是一切生命的物质基础，没有蛋白质就没有生命。蛋白质由氨基酸组成，常见的氨基酸有 20 多种，因为氨基酸组成的数量和排列顺序不同，使人体中的蛋白质种类多达 10 万种以上。它们的结构和功能千差万别，形成了生命的多样性和复杂性。同样，动植物体内也含有千

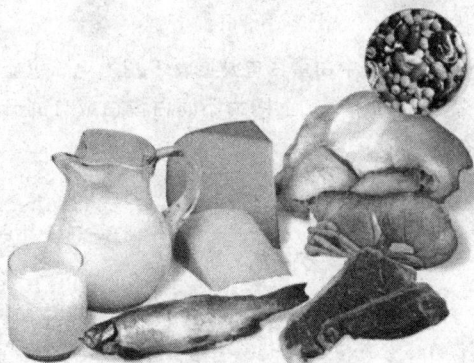

◆生物体中含有各种各样的蛋白质

千万万种蛋白质。正是由于蛋白质的特性，吸引了科学家对它的高度关注，并对其进行不懈的研究。

曾获三个硕士学位的科学家

蒂塞利乌斯，1902 年 8 月 10 日生于瑞典斯德哥尔摩。1921 年进入乌普萨拉大学学习。1924 年获得化学、物理和数学三个硕士学位，1930 年获博士学位。随后蒂塞利乌斯任乌普萨拉大学化学讲师、副教授，在此期间曾先后赴美国威斯康星大学和普林斯顿大学从事研究和进修，1938 年任教授，同年任新建的生物化学研究所所长，1946 年任瑞典全国自然科学研究会主席，1946 年当选为美国科学院外籍院士。

1925 年，蒂塞利乌斯从事胶体溶液中悬浮蛋白质的电泳分离研究。曾自制超速离心机测定蛋白质分子的大小和形状，并与物理化学家斯韦德贝里合作发表了第一篇论文。1930 年他改进了实验装置和手段，发表了关于

与化学家对话

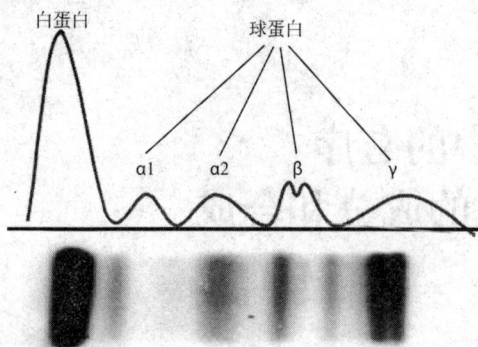

◆人体血液中白蛋白电泳图，下图为电泳仪器"跑出"的条带，上图为不同白蛋白成分的分布曲线

色谱法和吸附的论文。1937年，蒂塞利乌斯重新改建原有电泳装置，设计制造了移动界面电泳仪，分离了马血清白蛋白和三种球蛋白，创建了电泳技术。该方法迅速应用于分离和鉴定各种复杂蛋白质及其他天然物质的混合物的组成。1948年，蒂塞利乌斯因研究电泳和吸附分析血清蛋白获诺贝尔化学奖。

万花筒

蒂塞利乌斯因对电泳分析和吸附方法的研究，特别是发现了血清蛋白的组分而获得1948年诺贝尔化学奖。

小知识——电泳：带电粒子的泳动

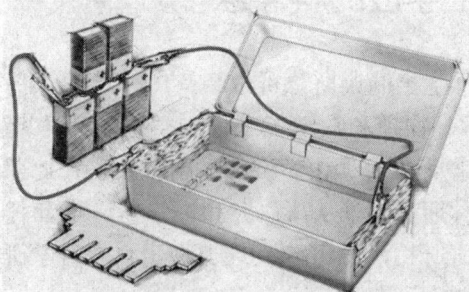

◆电泳装置

在外加直流电源的作用下，胶体微粒在分散介质里向阴极或阳极做定向移动，这种现象叫做电泳。利用电泳可以分离带不同电荷的凝胶。陶瓷工业中用的黏土，往往带有氧化铁，要除去氧化铁，可以把黏土和水一起搅拌成悬浮液。由于黏土粒子带负电荷，氧化铁粒子带正电荷，通电后在阳极附近会有很纯净的黏土聚集。利用电泳还可以在生化和临床诊断方面发挥重要作

与化学家对话

用。除了上述应用之外，工厂除尘也会用到电泳。

复杂的蛋白质和多肽

肽和蛋白质都是由各种氨基酸缩合而成的化合物，种类非常丰富，在生物体内担负着多种极为重要的功能。肽体积较小，而蛋白质体积却很大。由于大多数蛋白质和肽在生物体内的含量很低，要大量获取十分困难，因此如果能用人工方法加以合成，对于研究或应用方面都具有重要意义。要透彻了解蛋白质或肽的功能，必须先确定它的结构，而化学合成是证实化合物结构的最有力的一种方法。而且化学合成也可以制造出某一肽或蛋白质的类似物，有助于研究分子结构与生物活性间的关系，以及该活性的反应机制。所合成的类物中也有可能出现比原物活性更强、选择性更高的物质，或是和原物相抵消的物质，因此非常有用。总之，人们极为需要一个简易、高效的方法来大量合成肽和蛋白质。美国科学家梅里菲尔德的固相肽合成法使得这个希望成为可能，他的方法极为灵巧，但原理十分简单。

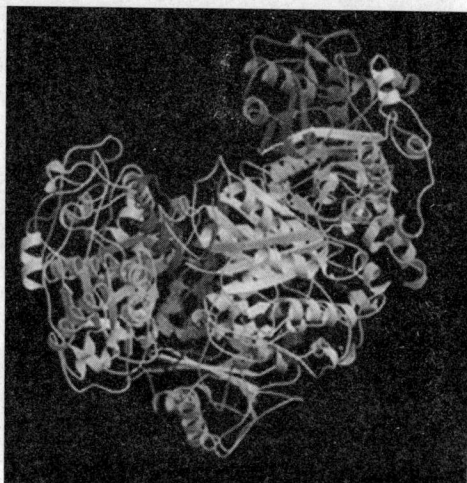

◆蛋白质是由一段段长的多肽链连接而成的

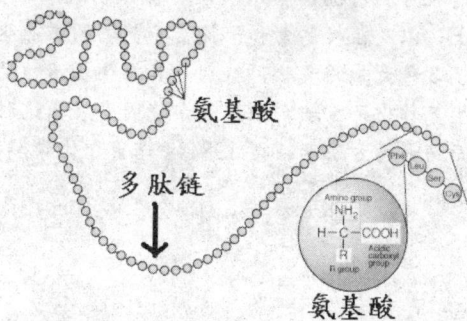

◆多肽链是由氨基酸一个一个连接而成

与化学家对话

轶闻趣事——蛋白质原料：多肽的合成

◆梅里菲尔德（右上）和他的同事一起研究蛋白质的结构

梅里菲尔德，美国生物化学家和教育家，1921 年 7 月 15 日生于美国得克萨斯州。1943 年，毕业于加利福尼亚大学。1944 年入加利福尼亚大学研究生院攻读博士学位，1949 年获加利福尼亚大学生物化学博士学位。1966 年在洛克菲勒大学工作至今。

他在 20 世纪五六十年代发展出固相合成法，其关键在于将第一个氨基酸固定在不溶性固体上，其他氨基酸随后便可一个接一个地连接于固定端，顺序完成后，所形成的链即可轻易地与固体分离。这一过程可利用机器操作，经实验证明效率极高。该方法在激素和酶等物质的研究上，以及在胰岛素和干扰素等药物的工业生产上具有重大意义。这种方法，提供了多种大量的多肽，特别是具有生物活性的多肽，为科学研究、医药应用及工业生产作出了贡献。梅里菲尔德因发展出这种依预定顺序合成氨酸链或多肽的简单而巧妙的方法而获得 1984 年诺贝尔化学奖。

与化学家对话

化学反应助推器
——酶的妙用

酶，是指由生物体内活细胞产生的一种生物催化剂，大多数由蛋白质组成。它能在机体中温和的条件下，高效率地催化各种生物化学反应，促进生物体的新陈代谢。生命活动中的消化、吸收、呼吸、运动和生殖都是酶促反应过程。哺乳动物的细胞中含有几千种酶。酶是细胞赖以生存的基础。细胞新陈代谢包括的所有化学反应几乎都是在酶的催化下进行的。

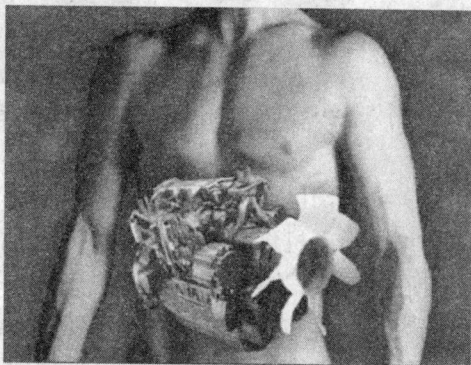

◆人体这部"机器"要消化食物，产生能量离不开酶的作用

与化学家对话

发现糖发酵过程中的酶

亚瑟·哈登，英国生物化学家，1865 年 10 月 12 日生于英国曼彻斯特。年轻时曾经留学德国。1888—1897 年，任曼彻斯特大学讲师。1896年，发表《道尔顿原子论起源的新见》。1911 年，与罗斯科合作出版了《醇类发酵》一书。1912 年，任伦敦大学生物化学教授。哈登从事糖发酵研究 20 多年，其研究使人们对一切生物体内的中间代谢过程有了进一步了解。他还开创性地研究了细菌的酶及代谢。

奥伊勒·凯尔平，瑞典杰出的生物化学家，1873 年 2 月 15 日，出生在德国奥格斯堡的一个普通公务员家庭。1895 年，学习成绩优异的凯尔平

◆亚瑟·哈登（左）和奥伊勒·凯尔平（右）

与化学家对话

被推荐到法国巴斯德研究所深造。1906 年，凯尔平离开德国到瑞典任斯德哥尔摩大学有机化学教授。他系统地把酶化学、发酵过程及其他化学规律综合在一起，编写出著名的《酶化学》一书。基于酶的研究方法，他还继续研究了医学和遗传学问题，发现酶抑制剂和酶的结合能生成十分稳定的络合物，这种络合物不仅可以降低酶促反应的速度，还可以减低或破坏酶的活力。这一发现对医学、工农业生产与科学实验有着非常重要的意义。

万花筒

1929 年，亚瑟·哈登因对糖的发酵和酶的关系方面的研究成果，与奥伊勒·凯尔平共同获得了诺贝尔化学奖。

点击——善于思考的哈登

1904 年，在一次实验中，哈登把酵母提取物放入一个由半渗透薄膜制成的袋内渗析时发现，酵母酶不再使糖发酵了，也就是说它的活性消失了。如果将渗析至袋外的水加入袋内的物料中，酵母酶的活性又恢复了。通过分析可以得出结论：酵母酶应该是由两部分组成的，一部分是小分子，另一部分则是大分子。如

果将袋内的物料煮沸，则酵母酶的活性消失，即使袋内加入袋外的水也是同样的结果。因此可以确认，大部分分子多半是蛋白质，其余的小分子经受住了煮沸，因而多半不是蛋白质。后者是"辅酶"的第一个实例，它是一种非蛋白质的小分子。这种小分子对于酶的作用是必不可少的，而酶本身则是一种蛋白质。

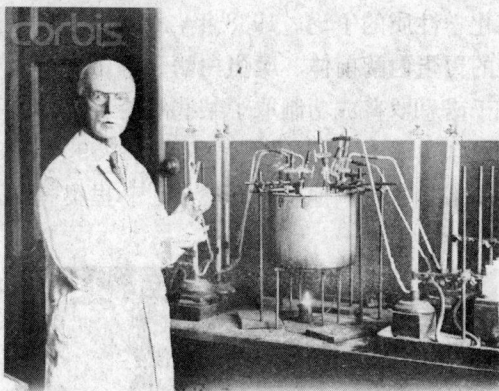

◆哈登是一个善于思考的人

著名的酶学三剑客

约翰·诺思罗普，美国生物化学家，1891 年 7 月 5 日出生于纽约。1925—1962 年，他出任纽约洛克菲勒医学研究所研究员。第一次世界大战期间，诺思罗普致力于研究用于工业生产丙酮和乙醇的发酵过程；研究呼吸、消化和一般生命过程所必需的酶，同时证明了酶也遵循化学定律。1930 年，他发现胃蛋白酶结晶，并证明它是蛋白质，从而结束了有关酶的

◆詹姆士·萨姆纳（左），约翰·诺思罗普（中），温德尔·斯坦利（右）

化学性质的争论。1938 年，诺思罗普第一次分离出细菌病毒，还将无活性的胃蛋白酶前体、糜蛋白酶、胰蛋白酶及其无活性的前体制备为结晶。由于诺思罗普成功制取了某些酶的结晶体，他与萨姆纳及斯坦利共同获得了 1946 年诺贝尔化学奖。1949—1959 年，诺思罗普担任加利福尼亚州大学细菌学教授。他还与库尼兹、赫里奥特两位科学家共同合作出版了《结晶酶》一书。

◆斯坦利（左二）接收诺贝尔颁奖

詹姆士·萨姆纳，美国生物化学家，1887 年 11 月 9 日出生于美国马萨诸塞州。他多年从事酶的结晶研究，1926 年，首先将尿素酶结晶，1929 年，任康奈尔大学医学院教授，1937 年，将氧化氢酶结晶，并把多种酶纯化。姆士·萨姆纳是最早将酶结晶，从而证明酶是蛋白质的科学家。基于以上成就，萨姆纳与斯坦利、诺思罗普共同分享了 1946 年诺贝尔化学奖。1947 年，萨姆纳在康奈尔大学建立酶化学实验室，并担任该实验室主任。

温德尔·斯坦利，美国生物化学家，1904 年 8 月 16 日出生于美国印第安纳州。曾任加利福尼亚州大学教授，洛克菲勒医学研究院院士。1935 年，他通过实验获得烟草花叶病毒（TMV）结晶，并证实该病毒是由蛋白质及核酸分子聚集体构成的杆状结构。运用这一发现，可以通过 X 射线的衍射查明多种病毒精细的繁殖方式及分子结构。斯坦利同时还研究了流感病毒并研制出一种流感疫苗。斯坦利因提纯并结晶病毒，而且阐明其分子结构而分享了 1946 年诺贝尔化学奖。1971 年 6 月 15 日，斯坦利逝世，享年 67 岁。

与化学家对话

人 物 志

单臂萨姆纳

1904 年，十七岁的萨姆纳因打猎发生意外事故而不得不截去左臂。萨姆纳的老师们认为他只有一条手臂当化学家有困难，而萨姆纳没有听从老师的劝告。萨姆纳坚持在哈佛大学学习，1910 年毕业，并于 1914 年获得博士学位。此后，他在康奈尔大学医学院任助理教授。

轶闻趣事——差点成为足球运动员的斯坦利

斯坦利年轻时在阿勒姆学院的学生中很受欢迎。除了喜欢化学和数学之外，在运动方面也很有天赋。他的足球踢得很好，一直梦想成为一名优秀的足球运动员。在毕业之前的几个月，斯坦利遇见了罗杰亚当教授，罗杰亚当教授对化学的狂热促使他放弃了成为一个足球运动员的梦想，转而投身化学研究中。就这样，世界上少了一名优秀的足球运动员，而多了一位卓越的化学家。

讲解——萨姆纳与尿素酶

1926 年，萨姆纳提取了刀豆中所含的酶（尿素酶），并成功分离出一种脲酶活性很强的细小晶体。这些晶体是从他所得的馏分之中沉淀出来的。他将这些结晶分离出来并使之溶化，发现所获得的是一种具有强尿素酶活性的溶液。他制备了更多的结晶，虽然经过种种努力，他还是不能把酶的活性同这些结晶分开。经各种试验证明：这些细小晶体是蛋白质。这是生物化学史上首次得到结晶酶，也是第一次直接证明酶是蛋白质，有力地推

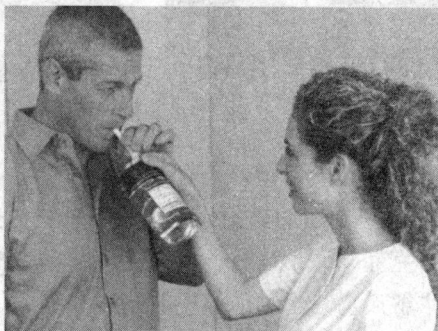

◆人体胃肠道中含有幽门螺杆菌，幽门螺杆菌代谢会产生尿素酶。用呼气法可以检测胃肠中的尿素酶，就能知道人体是否被幽门螺杆菌感染

与化学家对话

动了酶学的发展。1937年他又得到过氧化氢酶的结晶，还提纯了几种其他的酶。他也因此于1946年获得诺贝尔化学奖金。

发现蛋白质酶的三位科学家

克里斯琴·安芬森，美国生物化学家，1916年3月26日生于美国宾夕法尼亚州。1943年在哈佛大学获得哲学博士学位。先后在宾夕法尼亚大学、哈佛大学及斯德哥尔摩诺贝尔医学研究所从事教学和研究工作。1950年，在马里兰州贝塞斯达全国卫生研究院，主要研究酶及其他蛋白质的结构。1959年，发表有着巨大影响力的专著《进化的分子基础》。1972年，56岁的安芬森因对蛋白质分子结构及蛋白质酶的生物作用之间的关系的研究而与穆尔和斯坦两位科学家共获诺贝尔化学奖。

◆克里斯琴·安芬森（左）、斯坦福·穆尔（中）、威廉·斯坦（右）

威廉·斯坦，美国生物化学家，1911年6月25日出生于美国纽约。1938年在纽约哥伦比亚内科和外科医师学院获得博士学位。同年进入纽约洛克菲勒医学研究所（今洛克菲勒大学）任职。斯坦主要定量测定蛋白质水解产物与生物液体中氨基酸和缩氨酸的色层分离方法，以及研究氨基酸试剂。他发明了氨基酸自动分析器，描绘出酶的活动部位示意图，提出核糖酶的结构式。此外，斯坦还研究过链球菌蛋白酶、胃蛋白酶色层分离法。斯坦对蛋白质分子结构的研究取得的成果，让他分享了1972年诺贝尔化学奖。1980年8月23日，斯坦在纽约去世，享年69岁。

与化学家对话

斯坦福·穆尔，1913 年 9 月 4 日出生于美国芝加哥。22 岁毕业于范德比尔特大学，获得学士学位。1938 年在威斯康星大学获有机化学博士学位。1939 年成为纽约洛克菲勒医学研究所（今洛克菲勒大学）安芬森研究组成员。第二次世界大战期间，他参与了新型炸药的研发工作。战后，穆尔重返纽约洛克菲勒医学研究所，继续从事氨基酸分析新方法的研究工作，用定量分析方法解决了有关氨基酸、多肽、蛋白质等复杂的生物化学问题。

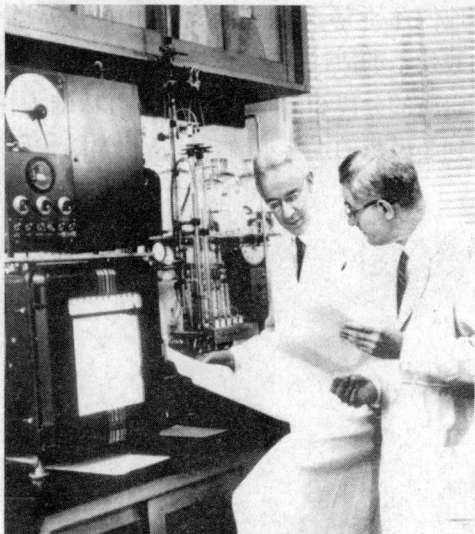

◆穆尔（左）和斯坦（右）在实验室探讨问题

斯坦和穆尔积极开展了"蛋白质水解物中氨基酸的新分析分离方法"的研究。1948 年，研发完成世界上第一台能折分蛋白质水解物中 17 个常见氨基酸的自动测定装置。穆尔等在 1973 年报道了脱氧核糖核酸酶 A 的化学结构，随后又继续开展了核糖核酸酶活性中心的化学确认工作。同时

◆化学研究常用的分析柱

与化学家对话

他们还研究了胃蛋白酶活性中的羧基酯化以及链球菌蛋白酶中巯基和组氨酸残基的活性问题，对酶化学作出了重要贡献。经过 20 余年的努力，从蛋白质的分离和分析方法研究的基础工作出发，建立了从常量（摩尔水平）到超微量的操作步骤，还从化学结构研究发展到结构中活化中心的研究。

遗传奥秘
——DNA、RNA 和基因工程

◆DNA 生物遗传基因

基因工程的诞生是 20 世纪生物学领域乃至整个科学领域最有影响的事件。但是基因工程的产生并不是偶然的，它是分子生物学发展到一定阶段或时期的一种时代的产物。许多科学家从 20 世纪 40 年代起就开始对基因进行了一系列的探索和研究。这在一定程度上为基因工程的产生奠定了理论和技术的基础。科学家吉尔伯特、伯格和桑格，进行了关键性的研究，成为基因工程的开拓性人物。

解读生命的最小单位

沃特·吉尔伯特，美国生物学家，生于美国波士顿。1935 年毕业于哈佛大学，获文学士学位。1957 年获剑桥大学哲学博士学位。1972 年任哈佛大学教授。吉尔伯特主要的研究领域是生物物理学、蛋白质与 DNA 相互关系、遗传控制机理等。运用桑格直读法原理，吉尔伯特独立提出测定核苷酸顺序的更简

◆沃特·吉尔伯特（左）和弗雷德里克·桑格（右）

与化学家对话

◆桑格喜欢摆弄这些分子模型，最终发现了胰岛素的结构

与化学家对话

◆保尔·伯格

便方法——化学降解法。他用化学反应把 DNA 裁剪成一系列不同长度核苷酸片段，它们的一端相同，并标有放射性同位素。测定各片断长度和另一端最后一个核苷酸，可决定核苷酸在 DNA 相应位置上排列顺序。把测定过的所有片段拼接起来，就能知道整个 DNA 大分子结构。1980 年吉尔伯特与伯格、桑格共获诺贝尔化学奖。

弗雷德里克·桑格，英国生物化学家，1918 年 8 月 13 日生于格洛斯特郡伦德库姆。曾在剑桥大学学习化学。25 岁以研究赖氨酸的课题获博士学位。桑格曾经担任英国医学委员会分子生物学研究所蛋白质化学实验室主任。历经十年研究之后，1955 年，桑格确定了牛胰岛素的结构，从而为胰岛素的实验室合成奠定了基础，并促进了蛋白质结构的研究。桑格因确定胰岛素的分子结构而获得 1958 年诺贝尔化学奖。

保尔·伯格，美国生物化学家，1926 年 6 月 30 日生于美国布鲁克林。22 岁毕业于宾夕法尼亚州立学院，26 岁获得美国凯斯西保留地大学博士学位。曾先后在华盛顿大学、斯坦福大学任微生物学和生物化学教授。伯格在研究分离基因的过程中设计了多种方法，如在选定位点分裂 DNA 分子并使该分子的片

段连接到病毒 DNA 或质体上，然后使 DNA 或质体进入细胞或动物细胞。外来 DNA 被结合到宿主细胞中去，并使宿主在正常情况下不能合成蛋白质。最早的重组技术实例之一便是育成含有编码哺乳动物激素的基因菌株。他因研究出 DNA 重组体技术而获 1980 年诺贝尔化学奖。

广角镜——桑格：两次获得诺贝尔奖的平凡的人

两次获得诺贝尔化学奖的桑格，在学生时代是一个表现平平、成绩一般的学生，并不是天才或神童。从小，桑格就深受父亲的影响，对生物学非常感兴趣。桑格的哥哥经常带着他到野外采集和制作动植物标本，一起阅读生物学方面的科普书籍，讨论甚至争论是时常发生的事。有时候，两个小家伙能为一个问题争得面红耳赤。桑格在

◆桑格工作过的英国剑桥大学

学校里也很少引人注目，可是他对生物学知识却情有独钟，这与他日后所取得的科学研究成果有着千丝万缕的联系。中学毕业时，他意识到自己腼腆内向的性格并不适合从事医生这一职业，便毫不犹豫地选择走上生物科学研究的道路。至今，桑格仍然是诺贝尔化学奖历史上唯一一位两次获奖者（分别是 1958 年和 1980 年）。

将基因"放大"的穆利斯

穆利斯，美国化学家，1944 年生于美国加利福尼亚州。他在 1985 年发明了一项用于扩增 DNA 的技术——聚合酶链式反应。这种反应在两小时内可使目标 DNA 扩增 100 多倍。由于聚合酶链式反应方法简便，初学者经过简单培训后就可以完成一些常规的基因扩增实验。聚合酶链式反应创建后，迅速在医学临床、古生物基因分析、法医鉴定和生物工程等方面广泛应用。穆利斯创造发明的生物学研究方法，对生物学的发展作出了巨

◆不同时期的穆利斯

与化学家对话

大贡献，他也因此获得了 1993 年诺贝尔化学奖。

　　穆利斯发明的聚合酶链式反应从 20 世纪 80 年代末开始用来扩增特定的 DNA 片段，此法也称"基因放大"。21 世纪它将是遗传工程的研究热点。穆利斯也因此闻名世界。

后基因组时代
——生物大分子长啥样?

◆人类基因组图谱

自从水稻基因组草图、人类基因组图谱以及其他一些生物基因组图谱破译成功后,生物技术和生命科学已经进入后基因组时代。这个时期的主要问题是破译基因的功能,破译蛋白质的结构和功能,破译基因怎样控制合成蛋白质,蛋白质又是怎样发挥生理作用等。在这些课题中,判定生物大分子的身份、"看清"它们的结构非常重要。学者们一致认为,在未来几十年内,生物技术将蓬勃发展,有可能成为继信息技术之后推动经济发展和社会进步的主要动力。由三位诺贝尔化学奖得主发明的"对生物大分子进行确认和结构分析的方法"将在今后继续发挥重要作用。

2002 年诺贝尔化学奖

"看清"生物大分子的真面目曾经是许多科学家的梦想。如今这一梦想已经变为现实。2002 年,诺贝尔化学奖授予美国科学家约翰·芬恩、日本科学家田中耕一和瑞士科学家库尔特·维特里希,以表彰他们在生物大分子研究领域作出的贡献。

约翰·芬恩,美国科学家,蛋白组学先驱。1917 年出生于美国纽约市。23 岁获得耶鲁大学化学博士学位。1967 年至 1987 年间担任耶鲁大学教授。自 1994 年起任弗吉尼亚联邦大学教授。他因为"发

◆生物大分子的重量有可能被称出来吗?

◆美国科学家约翰·芬恩

明了对生物大分子进行确认和结构分析的方法"和"发明了对生物大分子的质谱分析法"而获得2002年诺贝尔化学奖。

田中耕一，日本科学家，1959年出生于日本富山县首府富山市。1983年获日本东北大学学士学位。现就职于京都市岛津制作所，担任该公司研发工程师，分析测量事业部生命科学商务中心、生命科学研究所主任。他和约翰·芬恩"发明了对生物大分子的质谱分析法"，也因此获得2002年诺贝尔化学奖。

库尔特·维特里希，瑞士科学家，1938年生于瑞士阿尔贝格。26岁获得瑞士巴塞尔大学无机化学博士学位。从1980年起担任瑞士苏黎世联邦高等理工学校分子生物物理学教授，还任美国加利福尼亚州拉霍亚市斯克里普斯研究所客座教授。他因"发明了利用核磁共振技术测定溶液中生物大分子三维结构的方法"而获得2002年诺贝尔化学奖。

◆田中耕一和夫人

◆瑞士科学家库尔特·维特里希

与化学家对话

广角镜——生物大分子是这样"称"出来的

　　为了测定单个生物大分子的质量，科学家们发明了一种新的方法：首先通过电离的方法将单个的生物大分子悬浮在真空中，随后让它们在电场的作用下运动。不同质量的分子不同，质量小的分子速度快些，通过指定距离的时间短，而质量大的分子通过指定距离的时间长。不同分子的质量就可以通过测量通过指定距离的时间计算出来。

　　但是在拆分和电离成团的生物大分子过程中，其结构和成分很容易被破坏。为了解决这个问题，日本科学家田中耕一与美国科学家约翰·芬恩发明了类似的两种方法。田中耕一用激光轰击成团的生物大分子，约翰·芬恩则对成团的生物

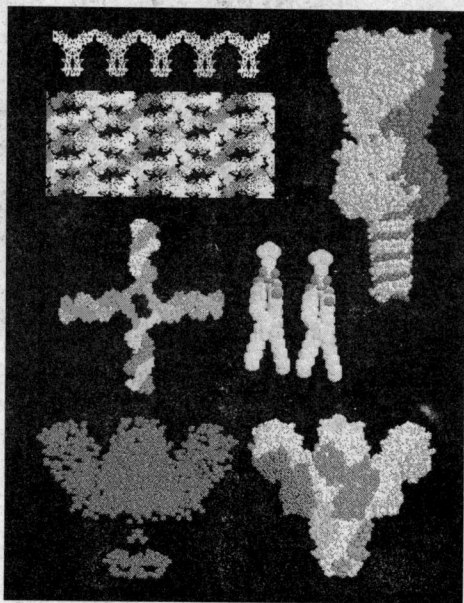

◆各种生物大分子结构

大分子施加强电场。这两种方法都成功地使生物大分子相互完整分离，同时也被电离。这为科学家对生物大分子进行更详尽的分析奠定了基础。

健康的守护者——维生素的合成

维生素是维持人体生命活动必需的一类有机物质，也是保持人体健康的重要活性物质。人体内所含的维生素很少，但在人体生长、代谢、发育过程中却发挥着举足轻重的作用。一旦人体缺乏维生素，相应的代谢反应就会出现问题，导致维生素缺乏症，人的免疫力会下降，各种疾病、病毒就会随之而来。

◆缺少维生素，各种疾病就随之而来

维生素与败血病

◆葡萄牙航海家麦哲伦

葡萄牙航海家麦哲伦 1519 年率领远洋船队从南美洲东海岸向太平洋进发。仅仅过了三个月，有的船员的牙床就破了，有的船员流鼻血，还有的船员浑身无力。到达目的地时，原来 200 多人的队伍，活下来的只有 35 人，但却找不出原因。1734 年，在开往格陵兰的海船上，有一个船员得了严重的败血病，这种病在当时是无法医治的，其他船员只好无奈地把他抛弃在一个荒岛上。他醒来后只能用野草充饥。奇迹发生了，几天后他的败血病竟不治而愈。败血病曾经夺去几十万英国水手的生命。1747

年，英国海军军医林德在总结前人经验后，建议船员在远航时要多吃些柠檬。这一建议很快被采纳，从此以后，远征船队的船员中很少发生过败血病。100 多年后，日本海军中也遇到了相似的问题。日本水兵经常患一种怪病：患病的人觉得身体疲乏、胳膊和腿像瘫了似的，最后甚至死亡。这种症状

◆柠檬治愈了远征船队的船员的败血病

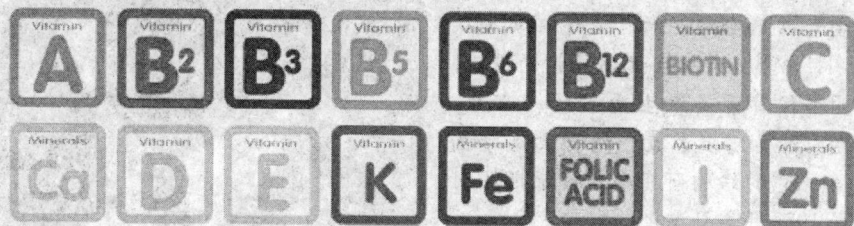

◆维生素目前有几十多种，以英文字母名。没有特别的含义，只是为了方便记忆

直到吃了大麦之类的其他粮食后才得到缓解。但那时还没有人知道其中的原因。

直到 19 世纪 80 年代，荷兰政府成立一个专门委员会来研究防治脚气病的工作。荷兰医生克里斯蒂安·埃克曼把糙米当做"药"，医好了许多得脚气病的人。1912 年，一位荷兰化学家和三位日本化学家分别用不同的方法从谷皮中提取出一种白色的结晶体，这就是维生素 B_1。当年林德医生发现的果汁里存在的能防治败血病的物质其实就是维生素 C（也叫抗坏血酸）。

随着时间的推移，人们认识和发现了越来越多的维生素种类，维生素成了一个大的家族。为了便于记忆人们把它们按 A、B、C 一直排列到 L、P、U 等几十种。

与化学家对话

与化学家对话

卡勒，瑞士化学家，1889 年 4 月 21 日生于俄罗斯。22 岁在苏黎世大学获得博士学位。在法兰克福工作 6 年后回到苏黎世大学任化学教授，1919 年任该校化学研究所所长。1926 年开始研究黄色的类胡萝卜素，并阐明其化学结构。1930 年，卡勒测定了维生素 A 主要前体的化学式，随后又确定了维生素 A 的分子结构。他还证实了森特·哲尔季关于维生素 C 结构的设想，证明了核黄素是维生素 B 的一部分。卡勒因对类胡萝卜素、核黄素及维生素 A、B_2 的结构研究而与哈沃斯共同获得 1937 年诺贝尔化学奖。

◆保尔·卡勒

库恩和胡萝卜素

◆库恩（左）和同事在实验室中

理查德·库恩，德国生物化学家，1900 年 12 月 3 日生于奥地利维也纳。1922 年毕业于慕尼黑大学，获哲学博士学位。1926－1929 年任苏黎世高等技术学校教授。1929 年任恺撒·威廉医学研究所化学部主任。1950 年任海德堡大学生物化学教授。1955 年任普朗克研究所副所

长。1938 年任国际化学联合会副会长。他同时还是海德堡科学院、纽约科学院院士，德国化学会、伦敦化学会、印度化学会、波兰化学会、日本药学与生物化学会会员。库恩在研究中发现 8 种类胡萝卜素，并制成纯品。不但确定了它们的化学结构，而且发现其中一种为某些藻类繁殖所必需的物质。库恩还与卡勒阐明了核黄素的结构，并首次提纯 1 克核黄素。他还与别人合作分离出维生素 B_6。1938 年，库恩因维生素和类胡萝卜素取得的成果而获得诺贝尔化学奖。但由于当时纳粹的阻挠，直到第二次世界大战结束后他才领取到奖金。库恩还曾任《尤斯图·利比希斯化学年刊》编辑。1967 年 8 月 1 日，库恩在在德国海德堡去世，享年 67 岁。

链接——哈沃斯合成维生素C

沃尔特·哈沃斯，英国化学家，1883 年 3 月 19 日生于英国兰开夏郡。1912 年，哈沃斯与欧文、珀迪在圣安得鲁斯大学共同研究碳水化合物。他们发现糖的碳原子不是直线排列而成环状，此结构被称为哈沃斯结构式。1925 年，哈沃斯任伯明翰大学化学系主任。此后，哈沃斯研究维生素 C 时发现它的结构与单糖相似。1934 年，他与英国化学家赫斯特成功地人工合成了第

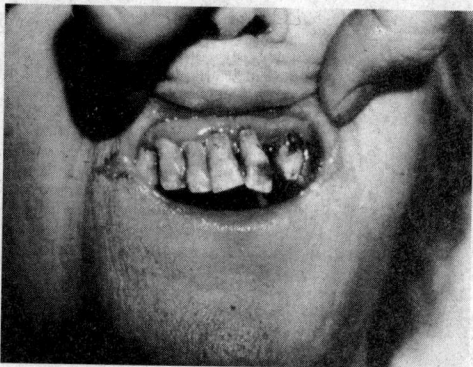

◆缺乏维生素C会引起败血病

一种维生素——维生素 C。这一研究成果不但丰富了有机化学的研究内容，而且可以大量生产医药用维生素 C。哈沃斯因此在 1937 年获得诺贝尔奖。1950 年 3 月 19 日，哈沃斯在伯明翰去世，享年 67 岁。

容易忽视的几种维生素

维生素 B_2 又名核黄素。1879 年，英国化学家布鲁斯首先从乳清中发现它。1933 年，美国化学家哥尔贝格从牛奶中提取出核黄素。1935 年，

◆B$_2$ 存在于谷物、蔬菜、牛乳和鱼等食品中

与化学家对话

德国化学家柯恩成功合成核黄素。维生素 B$_2$ 味微苦，是橙黄色针状晶体，其水溶液有黄绿色荧光，在碱性或光照条件下极易分解。维生素 B$_2$ 大量存在于蔬菜、谷物、牛乳和鱼等食品中。人体一旦缺少它，容易得皮炎、口腔炎等疾病。

维生素 B$_{12}$。1947 年，美国女科学家肖波在牛肝浸液中发现了维生素 B$_{12}$，后来经过分析确定，它是一种含钴的有机化合物，是唯一含有金属元素的维生素。维生素 B$_{12}$ 是粉红色结晶，其水溶液在弱酸中相当稳定。人体缺少维生素 B$_{12}$ 会产生恶性贫血症。维生素 B$_{12}$ 存在于肝、瘦肉、鱼、牛奶及鸡蛋中。

除了上面几种常见的维生素外，还有维生素 E、维生素 H、维生素 P、维生素 M、维生素 T、维生素 U 等，都是人体不可缺少的微量元素。

科技导航
与太阳有关的维生素

维生素 D 的生理功能是促进人体吸收磷和钙。它是骨骼生长的必需原料，因此缺少维生素 D 会得佝偻病。在鱼肝油、动物肝、蛋黄中含量较丰富。人体中维生素 D 的合成与光照有关，因此，适当晒太阳有利健康。

想一想——如何减少维生素 C 丢失？

各种烹调方法和储存方法都有可能导致食物中的维生素损失，而且损失量很大，低的有百分之三四十，高的可以到百分之九十。例如维生素 C 是水溶性

成分，在洗菜过程中很容易流失；维生素C怕高温，烹调时温度过高或加热时间过长（例如炖菜、沙锅等），蔬菜中的维生素C就会大量被破坏。维生素C还很容易被氧化，蔬菜、水果存放时间越长，维生素C损失就越大。因此我们应该吃新鲜的蔬菜和水果。

◆长时间炖煮会引起维生素C丢失

与化学家对话

人体健康晴雨表——激素的合成

激素（Hormone）音译为荷尔蒙，是调节机体正常活动的重要物质。激素的希腊文原意为"奋起活动"。任何一种激素都不能在机体内发动一个新的代谢过程。它们只是直接或间接地促进或减慢体内原有的代谢过程，而不直接参与物质或能量的转换。生长和发育都是人体原有的代谢过程。生长激素或其他相关激素的增加可加快

◆人体生命活动受到激素的调节

这一进程，若激素减少则生长发育迟缓。激素在人类的繁殖、生长、发育等各项生理活动中，以及适应内外环境等过程中都发挥重要的调节作用。激素分泌失衡会导致人患上各种疾病。

与化学家对话

什么是激素？

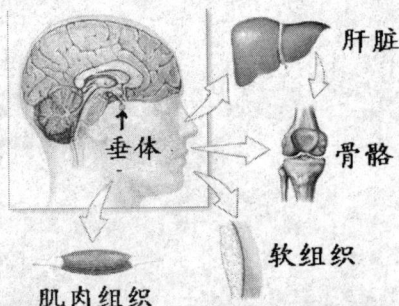

◆人体的激素量少作用大（脑内的垂体分泌出的激素对全身许多脏器都有调节作用）

如今，我们把凡是通过血液循环或组织液起传递信息作用的化学物质，都称之为激素。虽然激素的分泌量非常小，但它的调节作用却非常明显。激素的作用非常广泛，但不参加具体的代谢过程，只对特定的代谢和生理过程起调节作用。通过调节代谢及生理过程的速度和方向，使机体的活动更适应于内外环境的变化。

1853年，法国巴纳德通过研究各

种动物的胃液后，发现肝脏具有多种不可思议的功能。巴纳德认为，肯定有一种物质来完成这种功能，实际上这种物质就是激素，可是他没有发现这种物质。1880年，德国奥斯特瓦尔德从甲状腺中提取了大量含有碘的物质，并确认这就是调节甲状腺功能的物质。后来人们才知道这也是一种激素。1901年，日本高峰让吉在美国从事研究工作时从

◆如今激素已经能大量合成，是挽救生命的常用药物

牛的副肾中提取出调节血压的物质，并做成晶体，起名为肾上腺素。这是世界上提取出的第一个激素晶体。从此，世界上掀起了研究激素的热潮。许多科学家因为研究激素所取得的成果而获得诺贝尔奖。

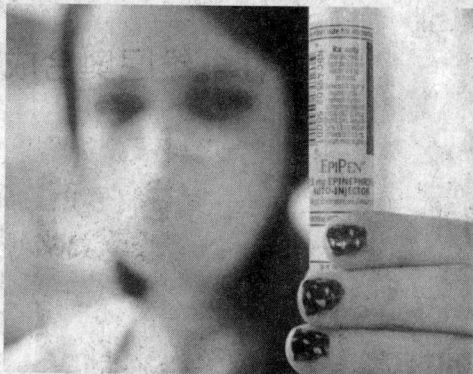

知识库——布特南特和性激素

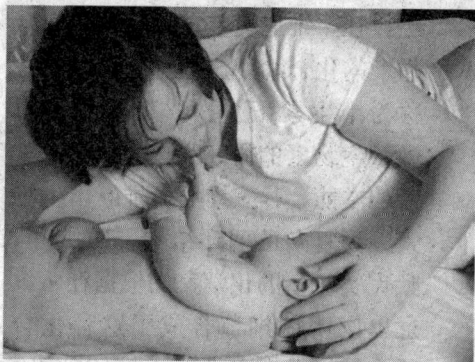

◆性激素是维持生长发育所必需的激素

布特南特，德国化学家，1903年3月24日生于德国。布特南特的突出成就是分离出性激素并鉴定其结构。1929年，布特南特从怀孕妇女的尿液中获取了雌酮，这是第一个被分离出来的性激素。雌酮是卵巢细胞分泌出来的少量几种物质之一，具有促进妇女性成熟的作用。1931年，布特南特又分离出睾丸细胞产生的雄性甾酮。它也是性激素，对男人所起的作用和雌酮对妇女所起的作用是一样的。1939年，布特南特与卢齐卡分享了诺贝尔化学奖。

与化学家对话

杜·维尼奥合成多肽和激素

◆杜·维尼奥

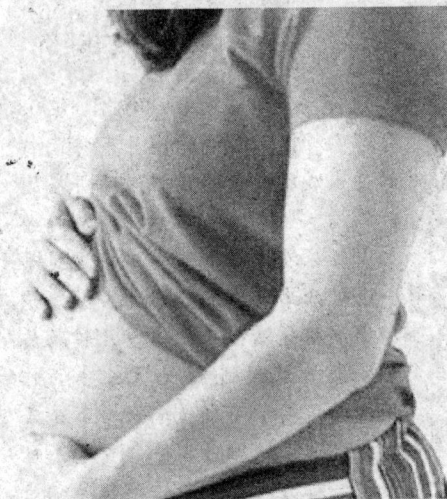

◆催产素与妊娠分娩有密切关系

与化学家对话

杜·维尼奥，美国生物化学家，1901 年 5 月 18 日生于美国芝加哥。1978 年 12 月 11 日在纽约州斯卡斯代尔去世。1923 年毕业于伊利诺斯大学。26 岁获哲学博士学位。他在伊利诺斯同罗斯一起工作了一段时间后便到乔治·华盛顿大学医学院担任教授，1938 年转入纽约康奈尔大学医学院。

杜·维尼奥的兴趣主要在氨基酸方面。20 世纪 30 年代后期，他对蛋氨酸和有关化合物进行了深入研究。他的研究成果使人们有机会探索机体是如何把甲基从一种化合物转移至另一种化合物的。1940年，杜·维尼奥鉴定了一种名为生物素的化合物。这种化合物以前被称为维生素 H。1942 年，凭着对微量生物素的研究和作为化学探索者的本能，杜·维尼奥推断出生物素颇为复杂的两环结构。1943 年，默克实验室的化学家们根据杜·维尼奥阐明的细节合成了这种化合物，结果发现它确实是生物素。

1953 年，杜·维尼奥甚至推断出氨基酸在链中的精确次序。1954 年，杜·维尼奥通过将八个氨基酸按照他所推断的次序结合起来后发现：这样得到的催产素确实具有天然催产素所具有的全部特性。杜·维尼

奥第一个合成了蛋白质激素，这次成功也为人工合成更复杂的蛋白质指明了道路。由于这一功绩，杜·维尼奥荣获 1955 年诺贝尔化学奖。

名人介绍——现代有机合成大师：伍德沃德

美国有机化学家伍德沃德以用人工合成方法合成复杂的天然有机化合物而著称。

1944—1975 年间，他合成了胆固醇、奎宁、肾上腺皮质激素可的松和叶绿素、利血平、羊毛甾醇、维生素 B 等 20 余种复杂有机化合物，并通过现代合成化学工业生产出来。因此，伍德沃德被尊称为现代有机合成大师。伍德沃德善于从

◆伍德沃德在讲解有机化学

实践中总结并提高理论，在大量合成的研究过程中，他观察到分子轨道的对称性对产物的构型和反应的难易起决定作用。1965 年，他与量子化学专家霍夫曼合作提出分子轨道对称性守恒原理，通常称为伍德沃德—霍夫曼规则。伍德沃德也因此获得 1965 年诺贝尔化学奖。

打开细胞之门
——揭秘细胞膜通道

◆细胞就像一个小城镇，需要有"河流"来运输物资

各种生物（除病毒外）包括人类在内，都是由细胞组成的。细胞就像一个由城墙围起来的小城镇，有用的物质不断被运进来，废物不断被运出去。人们早在 100 多年前就开始猜测：细胞这个微小城镇的"城墙"中存在着很多"城门"，这些"城门"只允许特定的分子或离子出入。2003 年诺贝尔化学奖表彰的就是有关这些"城门"的研究成果。

科学家孜孜以求的水通道

2003 年 10 月 8 日，瑞典皇家科学院在瑞典首都斯德哥尔摩宣布，将 2003 年诺贝尔化学奖授予美国科学家彼得·阿格雷和罗德里克·麦金农。阿格雷是由于发现了细胞膜水通道而获奖，而麦金农的贡献主要是在细胞膜离子通道的结构和机理研究方面。他们的发现解释了盐分和水是如何在活体细胞中进出的，例如，肾脏如何从原尿中重新吸收水分、电信号怎样在细胞中产生并传递等问题。这对人类探索心脏、肾脏、肌肉和神经系统等方面的许多疾病具有极其重要的意义。1998 年，麦金农测出了钾通道的立体结构，震惊了所有研究团体。由于他的发现，人们可以"看见"离子

YU HUAXUEJIA
DUIHUA

如何通过由不同细胞信号控制的通道。

水对生命至关重要，可以说水通道是最重要的一种细胞膜通道。尽管科学家发现存在水通道，但水通道到底是什么样子却一直是个谜。

20 世纪 80 年代中期，美国科学家彼得·阿格雷经过反复研究，发现一种细胞膜蛋白就是人们寻找已久的水通道。为验证自己的发现，阿格雷把含有水通道蛋白的细胞和去除了这种蛋白的细胞进行对比试验，结果证明前者能够吸水，后者不能。为进一步验证，他又制造出两种人造细胞膜，一种含有水通道蛋白，一种则不含这种蛋白。他将这两种人造细胞膜分别做成泡状物，然后放入水中。结果第一种泡状物吸收了很多水而膨胀，而第二种则没有变化。这些实验充分证明这 种细胞膜蛋白就是水通道。

1988 年，罗德里克·麦金农通过 X 射线晶体成像技术获得了世界第一张离子通道的高清晰度照片，并从原子层次揭示了离子通道的工作原理。它对水通道和离子通道的研究工作意义重大。很多疾病，比如某些心血管

◆彼得·阿格雷和罗德里克·麦金农获得 2003 年诺贝尔化学奖

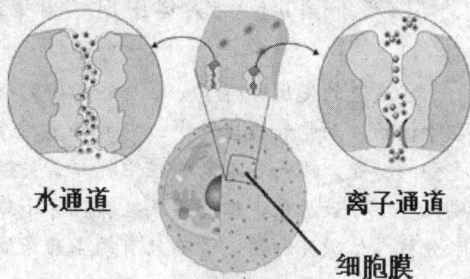

水通道　　　　　离子通道

细胞膜

◆细胞上存在运输物质的通道

◆水通道的三维立体图像

与化学家对话

疾病和神经系统疾病，就是由于细胞膜通道功能紊乱造成的。细胞膜通道的研究可以帮助科学家寻找具体的病因，并研制出相应的药物。

科技文件夹

　　生物体的主要组成部分是水溶液。生物体内的水溶液主要由水分子和各种离子组成。它们在细胞膜通道中进进出出可以实现细胞的很多功能。

小知识——人体中的"沟渠"

　　水通道的发现开辟了一个全新的研究领域。科学家发现，水通道蛋白广泛存在于植物、动物和微生物中，它的种类很多，仅人体内就有 11 种。它具有十分重要的功能，比如在人的肾脏中就起着关键的过滤作用。通常，一个成年人每天要产生 170 升原尿，这些原尿经肾脏肾小球中的水通道蛋白的过滤，其中大部分水分被人体循环利用，最终只有约 1 升尿液排出人体。

与化学家对话

先有鸡还是先有蛋的争论
——核酸酶以及 DNA 转录过程的发现

◆ "先有蛋白质还是先有核酸"的争论如同"鸡与蛋"的问题一样令人困惑

长期以来人们对"生命起源中是先有蛋白质还是先有核酸"这一问题争论不休。这就像"先有鸡还是先有蛋"的争论一样。核酸分子含有合成蛋白质的氨基酸序列的信息，而蛋白质又是在核酸修复、转录、剪接、翻译等等所有环节中必须存在的。因此谁先谁后的问题令人困惑。长期以来，科学家认为生命体中的信息分子和功能分子是分离的，核酸是信息分子，而蛋白质是功能分子。然而1989年诺贝尔化学奖得主却打破了这个常规的认识。2006年诺贝尔化学奖授予了与核糖核酸（RNA）研究相关的科学家。

与化学家对话

突破常规的发现

在传统概念中，酶都是蛋白质。因此，当1968年弗朗西斯·克里克在其论文《基因密码的起源》中提到"可能第一种酶是具有复制能力的 RNA"这个猜想时，并没有引起人们的关注。20年后，在第52届冷泉港定量生物学国际讨论会上，艾伦·维纳作会议总结时又重复了弗朗西斯·克里克的猜想，而此时的

◆希尼·奥特曼（右）和学生在讨论实验结果

科学研究已经将注意力集中到刚刚发现的具有酶活性的 RNA 分子上。发现具有酶活性的 RNA 分子的美国科罗拉多大学托马斯·切赫和耶鲁大学希尼·奥尔特曼在 1989 年共同获得诺贝尔化学奖。切赫和奥尔特曼的突出贡献在于发现了 RNA 分子可以在不需要任何其他物质的帮助下进行自身的切割、断裂和再装配，其本身可以起到传统概念中酶的作用。他们的研究工作引起了分子生物学家和化学家的极大兴趣。

◆托马斯·切赫（左）和伊莱恩·波德尔正在研究 RNA 晶体

与化学家对话

广角镜——核酸性酶发现的重要意义

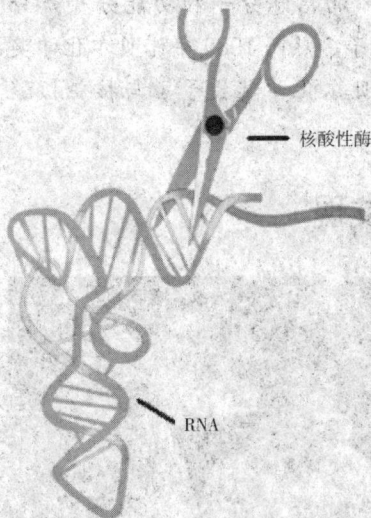

—— 核酸性酶

RNA

◆核酸性酶发现的意义在于，核酸不仅是遗传物质，也具有酶的作用，可以对 RNA 进行剪接

核酸性酶的发现具有极其重要的意义，这不仅突破了"酶是蛋白质"的传统概念，还使科学家们对"生命是如何起源的"这一问题有了新的认识。自从 60 多年前首先结晶出尿素酶、并证明它能催化尿素水解以来，很多酶被纯化，最终的研究结果都认为酶是蛋白质。因此酶被定义为"生物催化剂是一种称做酶的特殊蛋白，它也是使代谢进程加速的生物催化剂"。然而核酸性酶的发现无疑对传统酶和催化理论产生了巨大的冲击。核酸性酶的发现告诉人们，RNA 分子不但有复制功能，含有复制的信息，而且还有催化功能。因此它既是信息分子，又是功能分子。这个新概念将为生物化学的研究开辟全新的思路。

拍摄 DNA 转录的科学家

生命是一个奇妙的过程。DNA 分子位于细胞核中，它所携带的遗传信息复制到信息 RNA 分子，再由其带到细胞生产蛋白质的地方，蛋白质构建了生物的器官和功能。如果转录过程被干扰，那么细胞中蛋白质的生产就会停止，生命就会死亡。因此，持续转录 DNA 中的遗传信息是所有生命的中心过程。在自然界有一种毒菌号称"死亡之帽"，因为它分泌的毒素会抑制在转录过程中起核心作用的 RNA 聚合酶的功能。几天后，当毒素从肠扩散到肝和肾时，就会造成损害。就目前所知，包括癌症、心脏病和各种不同炎症的发生也与转录过程出现问题有关。

◆罗杰·科恩伯格

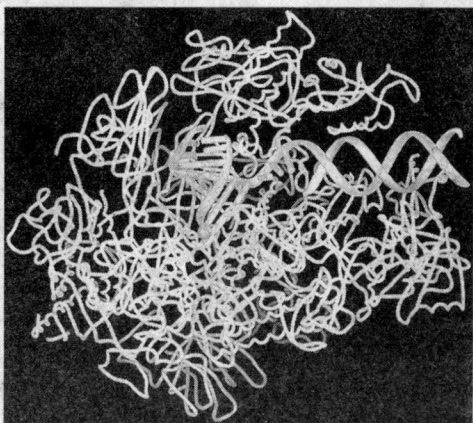

◆2001 年，科恩伯格创建了第一张 RNA 聚合酶的全动态照片

科恩伯格通过在分子水平上研究储存在细胞核基因中的信息如何被复制、转送到细胞的其他地方，分析制造蛋白质的整个转录过程，并且首次在真核细胞生物中拍摄到了生命中这个动态过程的真实照片。他也因此获得了 2006 年诺贝尔化学奖。

与化学家对话

名人介绍——罗杰·科恩伯格

1947 年，罗杰·科恩伯格出生于美国密苏里州圣路易斯。20 岁时就从哈佛大学毕业。1972 年在斯坦福大学获得博士学位。曾经在位于剑桥的英国医学研究理事会分子生物学实验室做博士后研究。在担任斯坦福大学教授之前，他曾经任教于哈佛医学院生物化学系。科恩伯格是美国国家科学院和美国艺术与科学研究院院士。

轶闻趣事——父子共同获诺贝尔奖

◆罗杰·科恩伯格（右）与父亲亚瑟·科恩伯格

2006 年 10 月的第一周成为斯坦福大学"诺贝尔奖周"，这是因为 2006 年 10 月 2 日，该校遗传学家安德鲁·菲尔荣获诺贝尔生理学或医学奖；10 月 4 日，罗杰·科恩伯格获诺贝尔化学奖。而他的父亲，亚瑟·科恩伯格是 1959 年的诺贝尔生理学或医学奖得主。科恩伯格父子成为历史上第六对获得诺贝尔奖的父子。如今，亚瑟·科恩伯格是斯坦福大学的荣誉退休教授，10 月 4 日，他在为儿子获奖举行的新闻发布会上说："一段时间以来，我认为他完全配得上这个奖……他的工作令人敬畏。"

与化学家对话

蛋白工厂
——核糖体有什么用处?

　　生命体就像一个极其复杂而又精密的仪器,不同"零件"在各自岗位上各司其职,有条不紊地维持着这台精密仪器的运转。是什么物质控制着这一切顺利进行呢? 这都要归功于扮演着生命化学工厂中工程师角色的"核糖体":它翻译出 DNA 所携带的密码,进而产生不同的蛋白质,分别控制人体内不同的化学过程。

◆核糖体工作原理(核糖体在 DNA 链上移动,"翻译"制造出蛋白质)

美国科学家文卡特拉曼·拉马克里希南、托马斯·施泰茨和以色列女科学家阿达·约纳特分别描绘出了核糖体的三维模型,不仅让我们知晓了核糖体的"外貌",而且从分子层面上揭示了核糖体功能的机理。

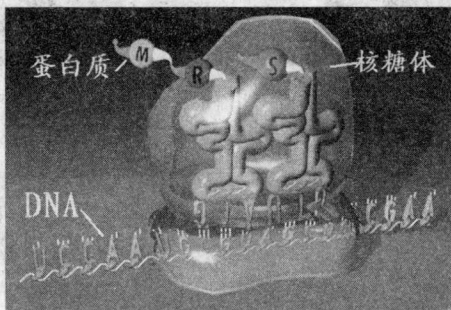

坚信科学的约纳特

　　1970 年,化学家阿达·约纳特,组建了以色列第一个蛋白晶体学实验室,长期从事蛋白质结构的研究。1987 年,约纳特提出一个实验方法,就是通过对细菌核糖体及其他相关有机体实施冷冻,并通过 X 射线对其造影成像以研究其结构的想法。但是这一实验方法大大超越了当时的条件,并且令学界震动。有人预言她绝对不可能成功,因为有很多人都已经在此项研究中败下阵来。然而,约纳特坚持了下来。在 20 多年的科研生涯中,她一直致力于研究核糖体蛋白质合成机制及相关抗生素作用模式的课题,成为核糖体研究领域的先行者。她借助一种被称为"X 射线晶体成像"的技

与化学家对话

◆约纳特使用 X 射线衍射设备做实验

术，发现了不同抗生素与细菌核糖体结合的 20 多种不同模式。用约纳特自己的话说："一开始我自己也没有把握，但是我们确实成功了。"

约纳特 1939 年出生于耶路撒冷。1962 年在希伯来大学获学士学位。1964 年在希伯来大学获硕士学位。1968 年在魏茨曼科学研究所获 X

◆阿达·约纳特和她的团队在一起

射线晶体学博士学位。自 1901 年开始颁发诺贝尔化学奖以来，共有 156 名获奖者，但包括约纳特在内仅有 4 名女性，她们分别是居里夫人、约里奥·居里和霍奇金。约纳特的获奖对女科学家们将是一个巨大的鼓舞。

约纳特获奖后说，她年轻时候的偶像就是居里夫人。过去人们总是对女性抱有偏见，认为女性没有足够的精力从事科学研究。如今她的成功证明了女性也可以和男性一样，在科学研究领域占有一席之地。"由于人们不鼓励女性涉足科研领域，社会失去了人类一半的聪明才智。如果得到鼓

励，女性也能大有作为。"——约纳特如是说。

万花筒

约纳特曾因细菌抗药性方面的研究于2008年获欧莱雅和联合国教科文组织联合设立的"世界杰出女科学家成就奖"。

小知识——什么是核糖体？

核糖体在生物体内十分重要。那么究竟什么是核糖体呢？核糖体在体内承担"翻译"工作：将DNA所含有的各种指令"翻译"后合成氨基酸，氨基酸再组合成蛋白质，进而完成各种生命活动。例如免疫系统中的抗体、胰岛素等激素、皮肤的胶原质或者分解糖的酶等的合成。

几乎所有生物的遗传物质基础都是DNA。它存储了大量的"指令"信息，能引导各项生命机能的运作。打个比方，DNA所含有的指令就像一张写满密码的纸，只有经核糖体"翻译"，每一条指令才能明确无误地执行。

小亚基　　　　　　　大亚基

◆核糖体空间构想图（核糖体由大小两个亚基组成）

弄清楚核糖体的结构和功能对人类有很大的益处。例如，如果细菌的核糖体功能受到抑制，细菌就无法存活。因此，在医学上人们正是利用抗生素来抑制细菌的核糖体功能，从而治疗许多疾病的。

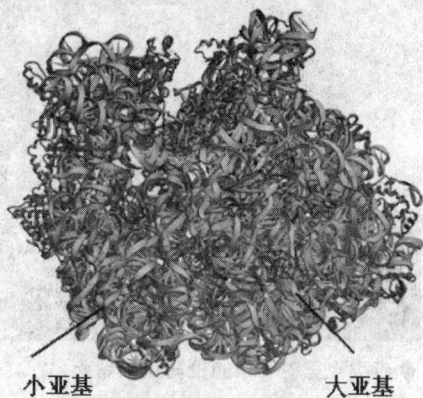

东西方智慧的闪光

拉马克里希南，1952年出生于印度。现工作于英国剑桥医学研究委员会分子生物学实验室。在他身上，同时汇聚了东西方文化的特点：东方人的聪明与敏锐，西方人的务实与灵活。

20 世纪 70 年代末拉马克里希南开始从事与核糖体有关的研究。通过不懈的努力，他弄清了名为"30s"的核糖体亚基的结构，并发现了核糖体辨识基因编码的方式。这一成果为抗生素的研制等医学领域的进展提供了巨大帮助。在总结自己 30 年的科研生涯时，拉马克里希南十分谦虚地说："很多情况都是这样，你在做博士后的时候选择了一个感兴趣的项目，然后就一直在这个领域发展。"尽管获得了 2009 年诺贝尔化学奖，但谈到对未来的打算，拉马克里希南表示，将继续他的研究领域，探索人类等高级生物体内的核糖体与细菌核糖体有何不同，为人类作出更大的贡献。

◆拉马克里希南从瑞典国王手中接过获奖证书

◆在实验室中工作的拉马克里希南

与化学家对话

神奇的微观世界
——发现生命物质的结构

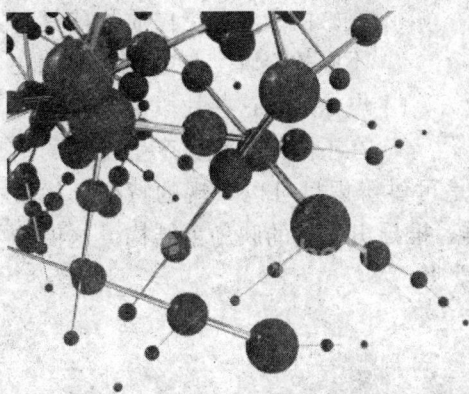

◆弄清楚物质的结构就是科学家追求的目标

在自然界中，我们看到物质以固态、液态、气态等形态存在着，大到星球宇宙，小到分子、原子、电子等极微小的粒子。人们对宏观物质结构的了解较为深入，而对于微观世界，例如维生素、血液细胞、激素等，要测定其结构却是很不容易的事情，但仍有许多科学家迎难而上，最终取得重大突破。

桑格与桑格试剂

弗雷德里克·桑格，英国生物化学家，1918 年 8 月 13 日生于英国格洛斯特郡。桑格对人类作出的重大贡献，就是在 1955 年将胰岛素的氨基酸序列完整地定序，并证明蛋白质具有明确构造，为此后人胰岛素的结构发现奠定了基础。

桑格的实验过程十分巧妙，他利用自己发明的桑格试剂将胰

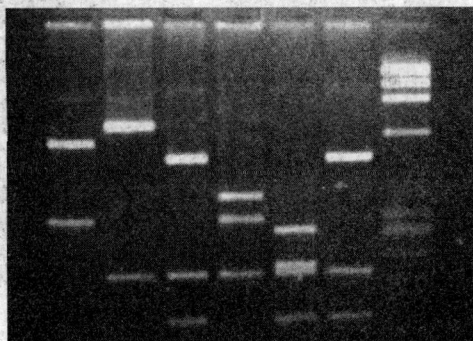

◆就是从这些蛋白质电泳图里，桑格读出了胰岛素的结构

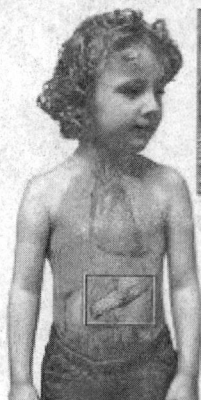

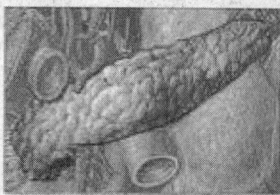

◆胰岛素是由人体的胰腺产生的

岛素降解成小片段，并与专门水解蛋白质的胰蛋白酶混合在一起。再将一部分混合物样本置放于滤纸的一面，并利用色层分析方法做进一步实验，首先他将一种溶剂从单一方向通过滤纸，同时又让电流反向通过。由于不同蛋白质片段具有不同的溶解度与电荷，因此在电泳后，这些片段会各自停留在不同的位置，产生特定的图案。桑格将此图案称为"指纹"，这是可供辨识且可以重现的特征。然后桑格将小片段重新组合成氨基酸长链，推导出完整的胰岛素结构。这项研究成果使他获得了 1958 年诺贝尔化学奖。

轶闻趣事——两获诺贝尔奖

弗雷德里克·桑格曾两次获得诺贝尔化学奖。1951 年，他在医学研究理事会的资助下从事研究工作。1955 年，他通过研究确定了牛胰岛素的化学结构。这项研究成果奠定了合成胰岛素的基础，并促进了蛋白质分子结构的研究。他也因此项研究成果获得 1958 年诺贝尔化学奖。1980 年，桑格又因设计出一种测定脱氧核糖核酸（DNA）内核苷酸排列顺序的方法，而与吉尔伯特、伯格共获诺贝尔化学奖。

◆弗雷德里克·桑格

确定血红蛋白构造的两位科学家

20世纪初，费歇尔已确定氨基酸的基本骨架。20世纪50年代，桑格又找到测定此骨架中各种氨基酸次序的方法。但这些研究不足以解释蛋白质分子内部氨基酸链是如何排列的。1937年，佩鲁茨在剑桥大学开始了确定血红蛋白构造的研究。由于当时计算机技术比较原始，用X射线衍射图形作结晶分析用的是手摇计算机，即使是最小分子X射线衍射图形的结晶分析也要花费几个月的时间，何况血红蛋白分子的大小是当时已知最大分子的100倍以上。因此，谁都不看好佩鲁茨，认为他的研究不可能有任何结果。

◆佩鲁茨（左）和肯德鲁（右）获得诺贝尔奖，手捧血红蛋白模型

但肯德鲁却协助佩鲁茨一起使用X射线衍射分析法，以血红蛋白和肌红蛋白作为研究课题。他们使用的装置能够把一些蛋白质分子和一个大质量原子（如金或汞的原子）结合起来，因为这些大质量原子X射线衍射的效率

红细胞

血红蛋白结构

◆血红蛋白结构

特别高。他们准确地推断出在没有大质量原子的情况下血红蛋白分子的结构。1959年，肌红蛋白分子的结构弄清楚了。第二年，血红蛋白分子的结构也研究出来了。这样，佩鲁茨和肯德鲁制造出它们的立体模型。结果，佩鲁茨和肯德鲁分享了1962年诺贝尔化学奖。

广角镜——幸运的佩鲁茨

◆佩鲁茨在实验室操作仪器

佩鲁茨，英国生物化学家，1914年生于奥地利维也纳。佩鲁茨在获得维也纳大学学位之后，原本打算去英国剑桥大学，跟随霍普金斯教授攻读研究生（霍普金斯因发现维生素而获得1929年诺贝尔生理学医学奖）。没想到他在维也纳大学的导师霍奇金教授（1964年诺贝尔化学奖获得者），由于看到胃蛋白酶的 X 射线衍射照片而异常激动，当即决定把佩鲁茨送到和自己研究课题相同的剑桥大学研究室。在那里佩鲁茨遇到了肯德鲁，开始了研究血红蛋白的历程，并最终获得诺贝尔奖。

与化学家对话

植物是怎样呼吸的
——光合作用

　　植物体内的营养物质是从土壤中吸收的吗？植物靠什么存活？植物能够从空气中得到什么？在19世纪以前，人们还没有足够的知识回答此类问题。直到1864年，德国科学家萨克斯做了这样一个实验：把绿色叶片放置在暗处几小时，让叶片中的营养物质消耗掉。然后把这个叶片一半曝光，另一半遮光。经过一段时间后，用碘蒸气处理叶片，发现遮光的那一半叶片没有发生颜色变化，曝光的那一半叶片则呈深蓝色。这一实验证明了绿色叶片在光合作用下产生了淀粉。随后，许多科学家也对此展开各种研究，并取得丰硕成果，有数位科学家还因此获得诺贝尔奖。

◆植物也会呼吸

30 秒钟的瞬间

◆梅尔文·卡尔文

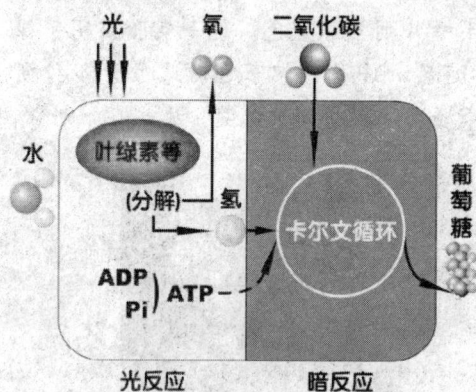

◆卡尔文循环原理图

化学家梅尔文·卡尔文1911年4月8日生于美国明尼苏达州圣保罗。为了将来能过上富裕的生活，他报考了矿业技术大学。但毕业后他改变了兴趣，立志想当一名化学家。后来他从事化学研究，研究领域是从络合化合物的催化作用到络合化合物之一的金属卟啉类的催化作用。

1946年，卡尔文开始专门研究绿色植物体的固二氧化碳作用。结果发现，植物体内的固二氧化碳作用其实就是碳水化合物生成合成途径。卡尔文由此发现了一系列的反应途径，这个途径被命名为"卡尔文循环"。

这个"循环"的发现据说只用了30秒，这是何等神奇的30秒啊。一天，他在汽车里等上厕所的妻子，他觉察到，要说明相互矛盾的实验数据，还缺少某种化合物。就在他考虑如何将这种化合物加入反应过程时，灵光乍现：碳水化合物的反应途径其实是个循环。于是"卡尔文循环"诞生了。

梅尔文·卡尔文1946年后出任加利福尼亚大学劳伦斯辐射实验室主任，他的研究范围包括放射化学、有机螯合物及生命起源等。卡尔文因发现光合作用的步骤而获得1961年诺贝尔化学奖。

知识库

氧气的制造者

对于绿色植物来说，在阳光充足的白天，它们利用阳光的能量进行光合作用，以获得生长发育所必需的养分，这个过程的关键参与者是植物体内的叶绿体。叶绿体能在阳光的作用下，把经由气孔进入叶子内部的二氧化碳和由根部吸收的水合成为淀粉，同时释放氧气。

讲解——什么是光合作用？

光合作用这个名词为人们所熟知，但究竟什么是光合作用却很少有人能讲明白。光合作用是植物、藻类利用自身的叶绿素、某些细菌利用其细胞本身，在可见光的照射下，将二氧化碳和水转化为有机物，并释放出氧气的生化过程。植物被称为食物链的生产者，为什么这么说呢？就是因为它们能够通过光合作用利用无机物生产有机物，并且贮存能量。通过食用，食物链的消费者可以吸收到植物

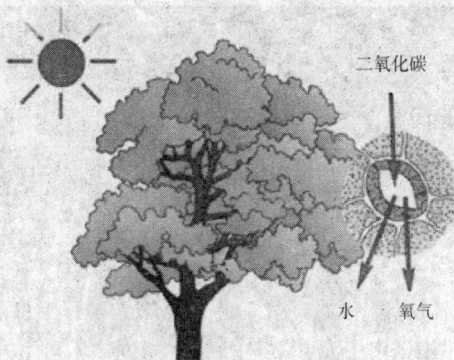

二氧化碳

水　氧气

◆植物吸收二氧化碳转化为氧气和水

所贮存的能量。对于生物圈的几乎所有生物来说，这个过程是它们赖以生存的关键，而且地球上的碳氧循环也依赖光合作用。

光合作用的深入探索

1988年诺贝尔化学奖颁发给德国三位生物化学与结晶化学家约翰·戴森霍弗、罗伯特·胡贝尔和哈特穆特·米歇尔，表彰他们成功地解析了细菌光合作用反应中心的立体结构，阐明了其光合作用的进行机制。

戴森霍弗博士、胡贝尔教授和米歇尔博士于1982年开始在慕尼黑马克斯·普朗克生物化学研究所，利用X射线晶体分析法发现了光合成中能量

◆约翰·戴森霍弗（左）、罗伯特·胡贝尔（中）和哈特穆特·米歇尔（右）获得 1988 年诺贝尔化学奖

与化学家对话

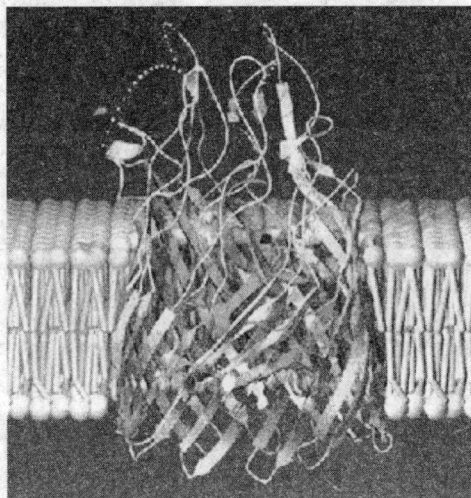

◆三位科学家利用 X 射线晶体分析法决定了光合成中能量转换反应的反应中心复合物的立体结构

转换反应的反应中心复合物的立体结构。这种反应中心来源于具有光合成功能的细菌。这种细菌就像绿色植物和藻类一样，能利用太阳光能制造有机物。这种光化反应与植物相比，虽然较为单纯，但其反应机理具有很多相同点。他们将这一研究成果发表在1985 年的《自然》杂志上。

除了弄清楚光合成反应中心复合物的结构外，他们还利用自己所获得的蛋白质晶体首次揭示了这些蛋白质的结构，并且第一次成功地阐明了由膜束缚的蛋白质是怎样形成的全部细节。他们科学地解释了以前被忽视的结构复杂的光合成化学反应。这项工作对光学反应的分子反应机理作出了杰出贡献。

动动手——光合作用的简单实验

下面我们一起来动手做一做关于植物光合作用的实验。在室外采摘两片新鲜树叶，一片置于遮光处，另外一片放置在有阳光的地方。两小时后将叶片展开铺平，用 1∶10 的碘酒稀释液，均匀地滴在两片叶片上。过一会儿可以观察到：受到阳光照射的叶片全部变成蓝色；经遮光处理过的叶片，其遮光部分没变蓝。由此可以说明，绿叶只有在光的照射下才能制造出淀粉。